Et ron et ron, petit patapon
ou
Une certaine idée du bonheur…

Francine Roussely Viviant

Et ron et ron, petit patapon
ou
Une certaine idée du bonheur…

LE LYS BLEU
ÉDITIONS

ISBN : 979-10-422-2407-3

N 250
ARCACHON
LA TESTE-CENTRE
LA TESTE-OCEAN
DUNE DE PYLA
D 19
ST LÉON
D'ISSIGEAC
SENT LÈON
DE SIJAC

L'adoption

Je raconte ma vie comme on fait des rêves au réveil.

Louis Aragon

Bonjour à tous.

Imaginez un petit village dans le Sud Périgord, avec une Abbaye classée au patrimoine mondial de l'UNESCO, son cloître, les pierres ocres des maisons, les forêts qu'on traverse pour y venir ou pour y cueillir les cèpes et vous trouverez Cadouin : le village où je suis née dans le Périgord noir. Abandonnée à quelques mois par ma mère, récupérée par des jeunes qui faisaient Erasmus et aussi vite laissée sur le carreau, j'ai dû me débrouiller pour survivre.

Et même si je suis très belle, je ne ronronne jamais, car moi aussi je trimbale mes casseroles…

Le restaurant sur la place de ce village près de l'Abbaye m'avait attiré et c'est là que j'avais trouvé refuge, errant de table en table. Les touristes surpris et amusés de voir une chatte si jeune qui quémandait un peu de nourriture m'en donnaient en évitant que le serveur ne les voie faire. Tout le monde me trouvait jolie et on me caressait dès que je me laissais faire, c'est-à-dire pas souvent…

Et puis un jour d'été, ils sont arrivés et se sont installés en terrasse… Oui ! Car ils étaient six amis du même village venus visiter la bambouseraie toute proche. Dès qu'ils m'ont vue, ils n'ont pu que s'extasier, évidemment comme tout le monde…

J'étais vraiment trop jolie et probablement sans famille ! Mais oui, le serveur l'avait dit, j'avais bien été abandonnée.

La patronne le confirma aussi…

Ah ! Cette chatte avait bien besoin d'une famille !

Il y avait Viviane, Robert, Dominique, Keven, Gérald et Francine…

Gérald avait tout de suite été gaga de moi. Il adorait les chats et il en avait toujours eu dans sa famille : d'ailleurs, sa mère les préférait à lui…

Quant à Francine, elle avait souvent recueilli des chats, des chiens, mais en ce moment elle n'avait rien à câliner, à part son Gérald qu'elle venait de rencontrer.

Et bla bla bla et bla bla bla… Le tour fut joué. On décida de m'adopter. Mais comment allait-on m'appeler ?

Ah oui, il fallait bien un nom qui sorte de l'ordinaire pour une rencontre aussi originale !

Dominique qui a toujours des idées se leva de son siège comme un ressort et s'écria : « Eh bien, il faut l'appeler Bambou, puisqu'on vient de la bambouseraie ! » Tu parles ! C'est un peu facile, ils n'ont pas cherché beaucoup ! Et voilà, je vais bien m'appeler Bambou.

Mais après tout, Bambou ou Minou ce n'est pas important : je n'ai jamais eu de nom et je ne répondrai que quand j'en aurai envie…

Keven me mit dans son sac à dos pour rejoindre la voiture sur le parking et tout le monde sembla heureux d'avoir fait une bonne action, mes futurs maîtres étant aux anges ne se doutant pas que je m'étouffais au fond du sac en ce beau mois d'août.

Nous voilà donc en route pour le village natal de ma future maîtresse, Saint-Léon-D'Issigeac.

L'arrivée au village de Saint-Léon-d'Issigeac

C'est un petit village dans le Périgord pourpre, au cœur du pays des bastides, entouré de magnifiques et pittoresques villages, de châteaux, de marchés colorés et proche du Lot-et-Garonne.

Au début du siècle, il paraît qu'il y avait environ 400 personnes qui habitaient ce village, dont deux forgerons, un menuisier, un charron, deux épiceries et deux bars.

Il y avait également un petit couvent à côté de l'église où six bonnes sœurs battaient la campagne pour soigner les malades.

Aujourd'hui, il y a à peine 135 habitants et heureusement des Parisiens, des Anglais, des Belges, des Suisses, un pseudo-Australien, des Texans et même des Hawaïens sont venus s'y installer…

Il y a également René le Belge qui a transformé à sa retraite, sa petite maison de vacances en épicerie de village. Comme les idées ne lui manquent pas, tous les vendredis soir, dès que les températures le permettent, il installe des tables dans son jardin.

Les soirées « Bruxel'Apéro » peuvent alors commencer jusqu'aux premiers frissons d'octobre, rassemblant quelques fidèles habitants du village autour d'une grande table dans son jardin ou partageant une partie de pétanque.

René a un parcours un peu atypique, à l'image d'autres habitants de ce hameau.

En effet, après avoir quitté la Belgique à l'âge de 22 ans, il partit en 4x4 avec deux amis français du même âge, pour un périple africain qui démarrait à Rabat et qu'ils appelèrent en mémoire du Maroc, l'expédition « Latifa ».

Leur itinéraire était vaste, car partant du Maroc, ils avaient prévu de passer par la transsaharienne, le Congo, le Sud Afrique, Madagascar, l'Éthiopie et la côte Libyenne. Être baroudeurs, sans argent et sans manger parfois, fut un vaste périple et les trois amis revinrent en 2CV après avoir vécu deux ans et demi d'aventures.

Mais les périples de René ne s'arrêtèrent pas là.

De retour à Bruxelles, sortant un soir en boîte de nuit où un groupe de Brésiliennes se trémoussaient « façon carnaval », une certaine « Véra » lui mit les sens en éveil. Elle avait traversé l'océan Atlantique pour parfaire un stage d'été dans diverses villes, en tant que future avocate. Et chaque Week-end, à Paris, à Londres où à Cortina d'Ampezzo en Italie, René allait la rejoindre, faisant en un mois plus de 10 000 kms avec sa petite VW de fonction qui ne devait pas sortir de Belgique, avec en plus, une crise pétrolière qui interdisait de rouler le dimanche !

Tout ayant une fin, Véra dut un jour rentrer à Rio de Janeiro suppliant René de venir l'y rejoindre, lui promettant une vie de rêve et pourquoi pas de l'épouser.

Un petit pécule d'aventurier caché dans sa ceinture, une valise fermée d'une sangle effilochée, voilà René qui s'envola la tête pleine de projets, rêvant à un futur restaurant de recettes africaines qu'il ouvrirait bientôt…

Toutefois, en arrivant sur le sol brésilien… adieu veaux, vaches, cochons et couvées, il déchanta très vite quant à son histoire d'amour, sa Carioca l'ayant à peine reconnu à sa descente d'avion. Elle accepta malgré tout de l'héberger un moment, le temps qu'il retrouve sa tête : pendant quatre ans, il réussit cahin-caha à faire un bout de chemin au

Brésil, avant de retourner dans sa Belgique natale, pour repartir ensuite G.O, au Club Med en Sicile.

Fantasque et baroudeur invétéré à l'époque, il n'eut de cesse avec un ami que de rechercher un bateau à acheter.

Ils trouvèrent enfin un voilier de 8,60 m, leur permettant de balader les touristes pendant 5 ans et de traverser plusieurs fois la Manche.

Lorsqu'il se sépara de ce bateau où beaucoup d'améliorations avaient été faites, il le revendit 25 % plus cher que son prix d'achat, lui faisant envisager d'en acheter un plus grand.

Toutefois, les années passant et sa soif d'aventures commençant à s'apaiser, il trouva plus raisonnable d'acheter une petite maison de vacances dans le Périgord pourpre, à Saint-Léon-d'Issigeac.

À sa retraite, il y emménagea définitivement, et le village n'ayant plus de commerce, il la transforma en une petite épicerie de proximité.

Keven, l'ami de Dominique, est Anglais.

En France, depuis vingt-cinq ans, il a enfin obtenu sa naturalisation. Sa rencontre affective avec Dominique, avant qu'ils achètent ensemble à Saint-Léon-d'Issigeac deux petites maisons séparées par un terrain, fut un bon moment de rigolade que je vous réserve un peu plus loin.

Quant à Viviane et Robert, ils sont arrivés dans ce petit village à leur retraite, ayant passé une grande partie de leur vie en Afrique et ont acheté la maison juste à côté de ma maîtresse.

Lève tôt, celle-ci commençait sa journée en allant prendre un petit café avec Viviane, se racontant leur journée passée et celle à venir.

Le dimanche, le généreux Robert achetait des huîtres qu'il partageait avec maîtresse et ne râlait même pas lorsqu'elle buvait une gorgée de vin blanc dans son verre. Tous les soirs de la semaine, elle rentrait vite du travail et retrouvait Robert dans sa piscine intérieure pour y faire leur gymnastique quotidienne, sur les airs d'opéra de Pavarotti. Toutefois, à cheval sur l'horaire, il avait la fâcheuse tendance de l'appeler s'il jugeait qu'elle était en retard et n'hésitait pas à partir tout seul à l'eau en râlant, attendant son arrivée avec impatience. Quant à Viviane, elle avait eu l'idée d'organiser, une fois par mois, un repas à thème avec les plus proches voisins, donnant à chacun l'occasion de se surprendre, le thème suivant étant tiré chaque fois dans un chapeau, la soirée terminée. Ils parlent encore du dernier repas chez eux, où après avoir bu du champagne à jeun dans la piscine, ma maîtresse était tellement gaie qu'elle avait grimpé sur la table du séjour et nettoyé le lustre, les zygomatiques lui faisant mal tellement elle riait…

Après leurs années agitées passées en Afrique, Viviane et Robert avaient enfin trouvé le repos dans ce petit village paisible.

Robert était d'abord parti au Malawi et ensuite au Sud Soudan pour la coopération française et, à chaque fois, avait mis en route une école d'infirmières. Il était parti ensuite au Rwanda avec pour responsabilité la mise en place de dispensaires et de laboratoires de brousse.

Un jour, on avait annoncé à Robert qu'une grande blonde allait arriver par avion, dans un petit aérodrome de Gisenyi au bord du lac Kivu : impatient de voir une nouvelle tête, il s'était rendu sur place.

Déception : c'est une petite brune du nom de Viviane qui débarqua, mais depuis, ils ne se quittèrent plus…

Viviane, d'origine belge, était infirmière au Rwanda quand la guerre débuta subitement. L'ambassade belge voulait que les coopérants restent sur place, mais commençait le génocide.

Pendant que Robert rentrait en France, Viviane ne partit pas, mais se réfugia dans un hôtel, soi-disant sécurisé…

Combien de fois, tétanisée par la peur, lui revenait en tête le film « Shining » et la terrifiante scène qui s'y déroulait : Jack Nicholson armé d'une hache poursuivant sa femme pour la tuer…

Lorsque la situation fut calmée, Robert revint au Rwanda reprendre son travail et la retrouver.

Quelque temps après, ils partirent au Tchad à Bah où Viviane mit en place un dispensaire mettant en avant la nutrition pour les enfants.

Le hasard de la vie, s'il y a un hasard, fit qu'ils y rencontrèrent en 1991, cousine Bernadette, surnommée « Nado », infirmière anesthésiste à l'hôpital de N'Djamena pour la coopération française, et née également… à Saint-Léon-d'Issigeac !

Bernadette venait de vivre trois ans en Allemagne et avait vécu la chute du mur de Berlin le 9 novembre 1989.

À Berlin, elle avait passé le checkpoint Charlie la veille (poste-frontière le plus connu entre Berlin-Est et Berlin-Ouest) sans s'imaginer un instant que c'était la dernière fois. Elle assista alors à de poignantes scènes sur le poste-frontière envahi de Trabans où la liberté retrouvée et la promesse d'un monde meilleur faisaient descendre les gens des voitures pour en embrasser le sol.

Ce fut l'occasion pour la plupart de Berlinois de l'Est de retrouver leurs familles avec lesquelles ils étaient séparés depuis plus de 20 ans.

Nado avait beaucoup bourlingué pour son travail et après être revenue quelques jours dans sa famille à Saint-Léon, elle arrivait maintenant sur le sol africain.

Un jour, en se promenant dans les rues de N'Djamena, un petit singe sur l'épaule de son maître attira son attention et lui fit ralentir le pas.

Pourquoi son maître proposa à Nado de le récupérer et pourquoi Nado accepta ? Elle n'y connaissait rien en singe : toutefois pensant qu'Abdoulaye son gardien devait savoir elle le ramena chez elle et l'appela Chita.

Chita était encore sauvage et un peu peureuse au début, ce qui pouvait la rendre agressive par moment et lui faire mordre les bras ou les jambes de ceux qui voulaient la toucher de trop près ou qui faisaient de trop grands gestes pouvant la surprendre.

Attachée à un arbre, au début, pour l'habituer à son cadre de vie, elle retrouva très vite la complète liberté.

Chita prit rapidement ses marques et attendait chaque jour sa nouvelle maîtresse lorsqu'elle rentrait du travail. Elle descendait alors de l'arbre où elle se réfugiait pour échapper au chien des voisins et venait la retrouver pour manger avec elle. Parfois, elle n'hésitait pas à succomber à la sieste avec elle en se blottissant sur son ventre.

Un peu curieuse, un peu voleuse, un jour elle prit une plaquette de comprimés sur la table composés d'antiallergique et d'antihistaminique provoquant des somnolences et les avala l'un après l'autre. Nado la retrouva le lendemain matin par terre avec une patte fracturée, pensant qu'elle s'était endormie et était tombée de l'arbre. Elle la confia alors à ses collègues du service de santé des Armées qui acceptèrent de l'opérer et de mettre une plaque et des vis sur son fémur fracturé et Chita revint chez elle toute neuve, aussi dynamique qu'avant, avec une cuisse rasée.

Quelques mois après, il fut décidé de lui faire une radio de contrôle du fémur et Nado, au volant de sa Suzuki, se dirigea vers l'antenne chirurgicale avec Chita à ses côtés : là, elle s'agita et ne voulut plus descendre du véhicule, devenant totalement incontrôlable, comme si ce lieu lui rappelait de mauvais souvenirs. Elle finit par sortir de la voiture et s'échappa en grimpant très haut dans un arbre où malgré les appels de sa maîtresse elle ne revint pas, la laissant repartir toute seule.

Le lendemain matin, de bonne heure, un collègue vint chercher Nado, car Chita redescendue de son arbre avait été enfermée dans une pièce de l'antenne chirurgicale où personne ne voulait, ou ne pouvait l'approcher. Lorsque Nado arriva, pas très fière, elle se mit à lui parler et alors là miracle : Chita vint vers elle et se posa sur son épaule en lui parlant dans sa langue bien à elle.

Elles repartirent en voiture pour rentrer à la maison et pendant tout le trajet, Chita toujours posée sur son épaule ne cessa de parler à sa façon pour lui raconter son histoire et Nado lui dit qu'elle la comprenait, qu'elle était désolée et qu'elle avait bien fait de s'affirmer ainsi !

Ce fut un moment intense et unique rien que pour elles deux : une émotion sans pareille. Comment une telle relation avec un petit animal sauvage était-elle possible ?

Hélas, quelques semaines après, un soir d'orage, Chita tomba à nouveau d'un arbre et cette fois la suite fut moins heureuse : attaquée par des chiens elle eut la colonne vertébrale brisée et la dernière preuve d'amitié entre ces deux êtres obligea Nado à abréger les souffrances de Chita en lui administrant une dernière injection.

Robert et Viviane habitaient près d'elle et essayèrent tant bien que mal d'apaiser le vide laissé par Chita.

La maman de Nado, Tatie Renée, envoyait régulièrement des conserves et des chocolats à sa fille et ils découvrirent alors avec délice l'enchaud de porc, une des spécialités du Périgord.

Viviane repartit ensuite au Cameroun, donnant des cours de français aux Tchadiennes qui y étaient installées afin de fuir leurs problèmes ethniques liés au fait qu'elles étaient du sud. Puis elle termina son activité en restant quelque temps à Mayotte, dans un dispensaire, où elle faisait 60 vaccins par jour aux Mahorais et aux Comoriens qui y vivaient en illégalité…

Lorsqu'ils arrivèrent dans le petit bourg de Saint-Léon, Viviane sut qu'elle pourrait enfin voir fleurir les fleurs de son jardin et acheter quelques poules qui viendraient régulièrement, chaque jour, picorer à 4 heures, les petits biscuits au beurre que Robert leur tendrait du bout des doigts.

Quant à ma maîtresse, elle est née dans ce village et avait eu cette maison lors d'une donation-partage faite par ses parents, bien des années plus tôt.

Depuis sa rencontre avec Gérald, ils alternent donc leur vie entre la campagne et Arcachon où il habite. Je réalise alors que je vais faire beaucoup de route et, au vu du nombre de boîtes et de croquettes achetées, je sais que je n'aurai plus jamais faim et que je n'aurai plus besoin de voler ou mendier ma nourriture.

Cependant, je ne me doutais pas que ma vie changerait vraiment du tout au tout. Toutefois, avant d'aller plus loin, il faut tout de même que je vous conte leur rencontre.

Balade entre célibataires

Il y a des amis. Il y a la famille.
Et il y a des amis qui deviennent une famille.

C'est Christine, une amie commune qui fut à l'origine de la rencontre de mes deux maîtres.

À l'époque, avec Hélène retraitée aussi, elles avaient pour habitude de meubler leur vie de célibataires en s'invitant les unes chez les autres afin de profiter agréablement du cadre de chacune et faire quelques activités ensemble.

En cette douceur d'automne qu'on appelle souvent « l'été indien », quand les feuillages se parent d'or et de vermillon il est bon de se promener dans la nature. Elle décida donc de les mener dans le cadre bucolique du petit village de Bardou où était née sa maman. Sur la route, ils rencontrèrent cousin Paulo, époux de sa copine Mimi et s'arrêtèrent lui dire bonjour.

Après une vie de travail en Corrèze où Paulo était inséminateur, ils étaient revenus tous deux dans leur pays natal, vivre dans l'ancienne maison de leur grand-mère, rénovée à cet effet. Paulo était maintenant Maire de ce petit village, mais pas le plus petit, bien que n'ayant pas plus de 40 habitants.

Être maire d'un village ne se limite pas aux petits problèmes de voisinage, aux divagations des animaux, des chiens, des moutons, et de la vitesse excessive des voitures dans le bourg… Il y a aussi des événements un peu plus cocasses qui, narrés par Paulo, sont un grand moment de rigolade, comme la découverte en été d'un âne dans le cimetière du village !

Les propriétaires, fumeurs de pétard et baba cools, ne comprirent pas qu'on leur demande de sortir leur animal de ce lieu de recueillement et de respect. Aux paroles de ces jeunes montrant les tombes, avec comme arguments que les morts n'allaient rien dire, la moutarde monta au nez de Paulo. Connu pour sa patience légendaire, il eut toutefois beaucoup de mal à les persuader du bien-fondé de sa demande et c'est seulement après quelques palabres à la limite du raisonnable qu'ils acceptèrent de faire quitter les lieux à leur âne que nous appellerons « Bourriquet » (l'âne de la comtesse de Ségur !).

L'histoire de Paulo les ayant bien amusées, les trois amies reprirent le chemin du retour quand Christine reçut un appel téléphonique et fut agréablement surprise d'entendre un ami venir prendre de ses nouvelles.

Lorsqu'elle raccrocha, elle dit enjouée à ma maîtresse : « C'est Gérald, un ami… je n'avais pas pensé à lui. Il est seul, veuf depuis six ans. Je veux bien te le présenter, mais je pense que ça ne marchera pas, car il est très maniaque ! ...».

« Maniaque » c'est un mot qui fait un peu peur à ma maîtresse, mais bon elle est curieuse et ça allait la changer des sites de rencontres sur internet qui, depuis six ans de solitude, ne lui apportaient que désillusions.

Hélène, toujours partante et généreuse et qui a déjà rencontré Gérald, propose de faire un petit dîner chez elle avec quelques amies de marche, autour d'un couscous qu'elle cuisine à merveille. En deux temps, trois mouvements, rendez-vous est pris pour se retrouver tous sur le bassin d'Arcachon dans quinze jours.

Les voilà donc poursuivant joyeusement leur marche, car c'est un week-end de plus d'occupé, Gérald leur ayant proposé de les emmener ensuite sur le lac de Cazaux faire un tour de bateau.

L'après-midi Dominique l'amie de Kéven vient les retrouver à la piscine et, bien entendu, elles lui parlent de cette future rencontre.

Tout naturellement, Dominique, passionnée de numérologie, suggère à Christine qu'il faut avoir la date de naissance de son ami afin de savoir à qui on avait à faire… Christine rappela alors Gérald, et Dominique, les dates en tête, calcula son chemin de vie pour savoir quelle était la personnalité de cet homme…

Le verdict tomba :

« Année personnelle 5 : année d'aventure… Tout était possible… tout était permis. »

(Ouf ! Voilà qui n'est pas si mal pour ma maîtresse !)

« Il vient de sortir d'une année 4 qui est une année très structurée organisée, en bref un cadre de vie un peu rigide où tout est à sa place… »

(Ouh là là ! Tout le contraire de ma maîtresse !)

Quant à ma future maîtresse :

« Elle est en année 2 : donc… dans l'attente de l'autre ! »

(Alors là, bravo Dominique c'est tout à fait ça !)

Le soir, les trois filles décident de terminer la soirée ensemble et c'est un moment propice pour se compter leurs histoires les plus drôles, concernant les rencontres marquantes qu'elles ont faites.

Christine est la première à rire avant de raconter son histoire et elles ont hâte de savoir la suite.

« Une soirée de je ne sais quelle année, je rencontre un Monsieur dont le prénom m'a échappé. Mais si le prénom m'a échappé, je n'ai rien oublié du dîner qui a suivi. Le récit porte uniquement sur l'entrée du menu : la suite fut tellement gâchée par ce que je venais de vivre que j'ai préféré occulter.

Nous commandons le repas avec une soupe de poissons pour Monsieur et pour moi une assiette de bulots servie avec un rince-doigts, détail important pour la suite de l'histoire.

La soupe de Monsieur est bien chaude, ce qui est normal et mes bulots sont dégustés avec un plaisir non dissimulé ! L'utilisation de mon rince-doigts termine cet instant suspendu (rires)… En effet, jetant un œil sur Monsieur, je m'aperçois avec horreur que sa soupe lui pose un petit problème ! Le fromage était en train de passer avec difficulté d'une mâchoire à l'autre entraînant… le décrochage du dentier supérieur !

Un rire intérieur m'envahit, mais je fis mine de n'avoir rien vu, le pire étant à venir : en effet, la température de cette fameuse et tragique soupe entraînait un écoulement nasal qui l'obligea à se jeter sur mon rince-doigts pour vider bruyamment son appendice…

Je croyais rêver et je pense avoir blêmi, une seule pensée m'envahissant : il fallait que ce dîner se termine très vite et que j'oublie ce personnage.

Ce qui fut rapidement fait ! »

Quand les trois filles eurent fini de rire, Dominique proposa à son tour de leur raconter son histoire avec Keven.

Normande d'origine, elle venait régulièrement avec son mari Walter passer quelques jours de vacances chez une amie en Lot-et-Garonne et côtoya Keven qui avait des gîtes de vacances.

Lorsqu'au bord de la piscine elle vit arriver ce bel homme joyeux, torse nu et chaussé de crocs, ils se lorgnèrent tout de même du coin de l'œil.

Elle repartit avec son époux en Normandie le lendemain, celui-ci un peu souffrant.

Malheureusement, son état ne s'arrangea pas et quinze jours après il décéda d'une rupture d'aorte, laissant Dominique et son fils anéantis et désemparés.

Il faut savoir que Dominique croit en la spiritualité et craint la solitude. Elle se rappelle que quand elle était jeune et que cela ne marchait pas avec un amoureux, elle essayait d'en trouver un autre, avant d'être seule.

Son amie qui était à l'origine de la rencontre avec son premier mari, la remit alors quelque temps après sur le chemin de Keven et l'invita à venir se ressourcer une semaine dans cet endroit du lot et Garonne où elle se sentait si bien. En compagnie de six bonnes copines, Dominique prit alors une location chez Keven.

Un soir, pour s'amuser, elles organisèrent une soirée « kitch » ou mauvais goût, c'est à dire se déguiser en mélangeant tous les genres pour que ce soit rigolo et, ce soir-là, Keven était arrivé en chaussons et en short.

Elles passèrent une super soirée et une de ses amies lui confia le lendemain que Keven la regardait avec beaucoup d'intérêt… !

Elle fit alors plusieurs aller-retour entre le Lot-et-Garonne et la Normandie avant qu'un petit flirt au bord d'un lac surprenne Dominique qui eut un moment de recul faisant dire à Keven : « on dirait que je t'ai fait peur » ! Ce à quoi elle répondit : « Ben, ça fait trente ans que je n'ai pas embrassé un autre homme ! ».

Ça commençait bien, mais ne débouchait toutefois sur rien d'autre.

Quinze jours après et trois nuits sans sommeil, elle prit son téléphone et son courage à deux mains, se disant qu'elle n'avait rien à perdre et lui annonça clairement : « J'ai un problème, je n'arrive plus à dormir, je ne fais que penser à toi ! ».

Grand silence à l'autre bout et surpris certainement, Keven bafouilla « j'ai des enfants… ils sont importants… »

Dominique eut envie de rire, car elle savait que ses enfants avaient au moins 20 ans ! Plus tard, il lui avoua qu'il s'était tout de même senti flatté, mais un peu pris de panique, il s'était réfugié derrière ses enfants.

La situation traîna tout de même encore en longueur, les rencontres chez des amies communes consolidant juste une grande complicité entre eux, sans rien de plus.

Puis, Dominique décida d'acheter une maison à Castillonnès, en Lot-et-Garonne, où Keven suivit l'avancée des travaux faits par les artisans qu'elle avait engagés.

Un jour, alors qu'ils s'étaient posés pour prendre un thé, elle lui suggéra d'aller se promener : hélas, il lui avoua avoir stationné son break et sa remorque sur le parking d'Intermarché en lui avouant qu'il devait aller chercher du matériel pour ses gîtes.

Quelle déception ! Elle qui s'imaginait vivre une journée idyllique avec lui… Elle pensait pourtant l'avoir bien accroché ! Toutefois, le destin allait peut-être l'aider…

Étant obligée de quitter pour quelque temps sa nouvelle maison en rénovation, avec un gros chien et deux chats, elle fut obligée de louer un gîte de nouveau… chez Keven.

« La bonne aubaine ! » pensa-t-elle, persuadée que la situation allait vite aller dans son sens. Mais rien ne se concrétisait entre eux et elle dut revenir bredouille dans sa maison.

Et puis un jour, les aléas de sa vie… Dominique fut hospitalisée 24 heures pour un petit souci de santé d'ordre émotionnel.

Son amie prévint alors Keven qui prit contact avec elle ; et là, elle eut droit à une grosse prise de conscience de sa part, celui-ci lui avouant qu'elle lui avait fait très peur : il lui parla alors de la fragilité de la vie et de l'importance d'en vivre pleinement chaque moment !

À sa sortie d'hôpital, invités tous deux à dîner chez des amis communs qui cherchaient un moyen de lui faire sauter le pas, il la récupéra dans sa voiture.

Et là, jetant son sac à l'arrière de la voiture de Keven que ne vit-elle pas ? Une brosse à dents et du dentifrice ! Elle sut qu'elle avait enfin gagné.

Quant à Hélène, complètement égarée à la suite de son divorce, elle avait besoin de faire quelque chose de complètement fou. Sur un site de rencontre, une discussion s'amorça avec un Parisien qui allait partir, sac à dos, au Rajasthan en Inde. Voilà quelque chose d'original et Hélène y vit le moyen de s'échapper de son quotidien.

Chacun fit moitié route et ils se retrouvèrent autour d'un café à Tours afin d'en discuter : toutefois, il n'y eut aucune attirance l'un pour l'autre, mais juste l'envie de faire un voyage à deux. Comme son billet était déjà pris, il partit en premier et il vint l'accueillir à l'aéroport de New Delhi quelque temps après.

Très vite, il s'avéra très radin et se contenta d'acheter des bananes sur le bord des trottoirs, chaque roupie étant très précieuse. Un soir, tenté par un repas très épicé dans la rue, il se fit plaisir et ils allèrent ensuite se coucher dans le même lit, toujours par souci d'économie. Soudain, en pleine nuit, ses intestins le lâchèrent misérablement ! Piteux, vexé, il décida que désormais il ne serait plus présent que pour les grandes traversées de l'Inde, en bus ou en train et l'abandonna, la laissant seule à occuper ses journées !

Voilà comment s'est terminé le beau voyage en Inde fantasmé par Hélène.

La rencontre à Arcachon

Quinze jours après, ma maîtresse est donc partie, comme prévu, passer le week-end chez Hélène qui prépare son couscous royal pour le soir.

Ma maîtresse était toutefois stressée d'autant plus que Gérald arriva le dernier, après les copines de marche d'Hélène dans la confidence, et malgré tout un peu dubitatives.

Heureusement, l'apéritif sur la terrasse délia les langues et les parfums du couscous rassemblèrent naturellement tous les invités à l'intérieur en les plaçant l'un à côté de l'autre. Ils découvrirent que plusieurs de ces femmes étaient célibataires comme eux et, lorsque l'une d'elles dit « qu'elle ne voulait pas laver les slips de son futur mec », ils eurent un regard complice, pensant fort que ce n'était pas gagné pour elle.

Ils parlèrent de leur amour mutuel pour les voyages et se dirent que peut-être ils pourraient partir en copains, en faire un.

Lorsque la soirée se termina, ils échangèrent leur numéro de téléphone et prirent rendez-vous le lendemain pour un petit tour de bateau, sur le lac de Cazaux.

« Le Titanic », c'est ainsi que Christine faisant des photos immortalisa ce moment en les voyant tous les deux sur la proue du bateau.

Maîtresse dit que le regardant conduire, elle avait vu en lui un autre homme. Allez chercher pourquoi…

Et Gérald fut convié à venir la voir en Dordogne, afin de poursuivre l'aventure.

Gérald à Saint-Léon

Gérald est donc arrivé à Saint-Léon-d'Issigeac et, stationné devant la petite mairie, téléphona à Maîtresse pour avoir l'adresse précise de sa maison.

Celle-ci put à peine cacher sa déception en s'exclamant qu'il s'était trompé d'un jour !

De plus, ce soir-là, elle était invitée par la pétillante Solange native d'ici, ancienne professeure de gymnastique à la retraite, également toujours sur les chapeaux de roue et personnage dont on ne peut trouver plus atypique.

Avec un air déconfit et pitoyable, il lui fit remarquer qu'il venait de loin et qu'il ne pouvait tout de même pas faire demi-tour. Soit ! Elle le fit entrer, lui montra la chambre d'ami afin qu'il y dépose sa valise et lui proposa de s'installer dans le séjour en lui allumant la télévision.

Comme elle savait qu'il adorait les chats, elle lui confia Foxy, ancien chat de sa fille qui avait dû s'en séparer, à la suite de son divorce.

Gérald n'ayant pas dîné, elle lui proposa un bouillon de vermicelles à la tomate et un pâté maison au poivre vert dont depuis plus de vingt ans elle en partageait le secret, avec son amie Florence de Bordeaux.

À son retour, Gérald était toujours là, Foxy sur les genoux et il avait adoré le pâté. Par contre, le potage au vermicelle, il osa dire qu'il détestait…

Maîtresse était fatiguée et n'est pas du soir contrairement à lui qui voulait engager la conversation, car après tout il était venu pour faire plus ample connaissance, même si cela commençait mal.

Chacun partit ensuite se coucher avec la perspective d'une visite le lendemain matin au marché d'Issigeac, magnifique petit village médiéval qui avait remporté avec succès le concours du plus beau Marché du Sud-Ouest. En effet, ce village est très animé le dimanche et on rencontre toujours beaucoup de monde, l'été les touristes affluant de tous les continents.

De nombreuses manifestations y agrémentent la vie locale, comme le marché aux fleurs, la foire aux paniers, la bodega, les brocantes, les marchés gourmands, sans oublier la fête de la musique et quelques concerts de musique classique.

Au marché, elle présenta donc Gérald comme un ami de Bordeaux, venu lui rendre visite, ce qui était totalement vrai bien qu'elle pressentit un peu de doutes chez certains.

Avec son frère Daniel qui tenait un stand de vin devant l'église, elle put être plus naturelle et se sentit complètement à l'aise pour lui compter la situation en deux mots et lui présenter Gérald.

Celui-ci ne tarda d'ailleurs pas à réagir en lui adressa un texto avec ces mots : « C'est le bon ! » Tiens donc ! Daniel aurait-il des dons de médium maintenant ?

Elle lui répondit : « Ça m'étonnerait ! »

Nouveau texto : « Je te dis que c'est le bon ! »

Elle répondit : « On va bien voir, il est venu pour que nous fassions plus ample connaissance. »

Après un petit repas avec quelques victuailles ramenées du marché, les voilà partis pour découvrir la campagne environnante.

Gérald maniant l'humour comme un Dieu la fit rire sans cesse avec ses blagues fines et croustillantes, mais jamais salaces ni vulgaires.

Grand conquistador, il avouera plus tard à ses copains : « Femme qui rit, femme à moitié dans ton lit. »

Le soir, ils mirent une petite table de jardin devant la grande cheminée qui ne tarda pas à s'embraser, devançant de quelques jours les deux tourtereaux qui continuèrent à se découvrir.

Le soir du troisième jour, Hélène, curieuse, voulut savoir où cela en était… Elle sembla un peu surprise que cela n'aille pas plus vite, mais se résolut à attendre.

De son côté, Gérald avait envoyé un message à Jean-François pour lui dire : « Le loup est dans la bergerie »…

Il se devait bien de le tenir informé du suivi… Ce cher Jean-François qui était au courant de cette nouvelle rencontre.

Au quatrième jour, après un petit repas arrosé d'une bonne bouteille de vin, ma maîtresse lui demanda de lui accorder un moment afin de s'octroyer une petite sieste bien méritée, après toutes ses soirées où elle se couchait à pas d'heure.

La sieste terminée, bien reposée, elle vient se poser près de lui sur le canapé et c'est là, paraît-il qu'il est passé à l'attaque et que l'histoire a commencé. Hélène sera rassurée un peu plus tard et Jean François aura comme message : « Le chat a croqué la souris ! »

Les frères et sœurs sont les petits cailloux blancs de la tendresse.

Kheira Chakor

Au petit matin, son frère Daniel vient se faire payer un café et c'est l'occasion pour que les deux hommes fassent un peu plus connaissance.

Maîtresse l'a dit, Daniel lui fait penser au roseau de La Fontaine, car, comme lui, il plie et ne se casse pas, se relevant toujours de toutes les situations.

Certes, il est fin comme un roseau, mais moi je dirai qu'il a les cuisses comme le corbeau qui sautille le matin dans le jardin, toutes minces sans un gramme de gras… pas étonnant ! Il court tout le temps et ses cuisses sont comme ses neurones : toujours en action.

Une idée chasse l'autre, au grand désespoir de son épouse Françoise qui n'a de cesse de le calmer, dans la tempête que serait sa vie si elle n'était pas là pour canaliser ses ardeurs.

Daniel, studieux et brillant tout au long de ses études, voulait être ingénieur agronome. Mais l'inscription à l'école dans le midi s'étant faite trop tard, il dut suivre les cours par correspondance et cela s'avéra compliqué du fait de sa charge de travail à la ferme.

Le père mit donc toute son énergie à inciter son fils à reprendre le flambeau. Et c'est ainsi que la vie de Daniel prit une autre direction, leur père ayant donc reproduit le même schéma que son vécu.

Maîtresse dit toujours que son papa aurait été heureux et fier de voir comment avec Françoise, son épouse, ils avaient donné un nouvel essor à l'exploitation.

Maman Reine aurait également été très fière de son fiston lorsqu'il obtint, pour son vin, une première médaille d'or à la Foire de Paris et que d'autres suivirent ensuite.

Après ma visite chez le vétérinaire de Villeréal, l'opération pour ne pas avoir de bébé et le vaccin indispensable contre le typhus et le coryza, nous avons donc pris la route pour le Bassin d'Arcachon…

Arcachon

Deux heures trente de route enfermée dans une cage… pour moi qui n'ai connu que la liberté, c'est insupportable.

Je n'arrête pas de miauler malgré leurs encouragements « on arrive bientôt, on arrive bientôt ». On me tend un petit doigt, on essaie de me caresser entre les barreaux de la cage, mais rien n'y fait.

Excédée, je lâche un petit pet qui les amuse et pour voir comment ils vont réagir je l'accompagne d'un caca bien malodorant… Ce qui ne fait pas avancer les choses, sauf les faire râler…

Enfin nous voilà arrivés et on me délivre sur une petite place bien tranquille, entourée de pins, où, paraît-il, les écureuils ont trouvé refuge.

La maison n'est pas grande, mais il y a derrière un charmant jardin arboré à l'époque par le papa de Gérald. Un escalier en bois monte jusqu'en haut du jardin en espalier et la maison se retrouve donc, en contre bas.

Là aussi, les écureuils s'en donnent à cœur joie et ma maîtresse dit que c'est un plaisir journalier de les voir sauter de branche en branche.

Il va donc falloir partager l'espace, car il y a des chats qui passent également et moi je n'aime pas les chats ni les chiens d'ailleurs.

C'est vrai, je n'aime personne. Sauf moi ! Parce que je suis belle et comme toutes les belles, je suis capricieuse et c'est un privilège pour moi d'être différente.

Gérald me prend dans ses bras et me fait visiter la maison en se comportant avec moi comme si j'étais un enfant, place que je vais avoir auprès de lui.

À l'étage, il y a une chambre qui me plaît bien et je sens que depuis la fenêtre je vais pouvoir escalader les toits, le quartier semblant assez tranquille, la majorité des maisons étant des résidences secondaires.

Et comme un bonheur n'arrive jamais seul, mes deux tourtereaux décident d'inviter Simone et son amie Catherine à dîner, afin de me présenter.

Quelques courses au supermarché et en un tour de main ma maîtresse prépare un petit repas dont elle seule a le secret, car sa cuisine d'après ses amies est à son image, inventive, rapide et originale.

En attendant ses invitées, elle se met à peindre un tableau tout en jaune, bleu, rouge, des touches de couleurs comme les petites pincées d'épices qu'elle aime rajouter dans ses plats, au gré de ses fantaisies.

« Je peins de l'abstrait », dit-elle à qui veut l'entendre, comme pour expliquer ses grands rectangles de couleurs, supposant que personne n'y comprend rien.

Parfois, elle peint pour ses amis, une image de Titouan Lamazou par ci, des cabanes de pêcheurs par-là, des têtes de Picasso.

Elle a intégré un petit club de peinture, encadré par Cathy qui a fait les Beaux-Arts et dont elle admire les œuvres dans sa maison d'Arcachon. Toutes les semaines et avant la Covid elles se retrouvaient à plusieurs dans une maison de quartier d'Arcachon et, selon les thèmes suggérés, chacune donnait libre cours à son imagination, sous l'œil bienveillant de leur « Maître Cathy » toujours prête à les conseiller et les aider à mettre en avant le potentiel de chacune.

Lorsque la maison de quartier fut fermée pour cause de travaux, elle n'hésita pas à les recevoir chez elle afin de ne pas interrompre ce beau travail de groupe.

Cet atelier créatif procure beaucoup de bonheur à ma maîtresse : Gérald dit que lorsqu'elle peint, c'est le seul moment où elle est tranquille et ne vit pas à 100 à l'heure, la retrouvant parfois au saut du lit posée avec ses pinceaux et son bol de café, devant son chevalet.

Un des thèmes choisis à l'atelier fut celui des incendies qui ont ravagé pendant plus de dix jours la belle nature du bassin d'Arcachon et détruit plus de 20 000 hectares de forêts.

Ma maîtresse avait une peur panique du feu et, dès le matin, allumait la télévision pour écouter les premières informations sur la situation.

Ses amies Hélène et Elizabeth avaient été obligées de quitter leurs maisons à la Teste, le Président de la République avait fait une apparition, les canadairs passaient au-dessus des maisons et les odeurs de feu alimentaient sa paranoïa grandissante.

À Cazaux où était le bateau de Gérald, le bruit courrait que tout était brûlé. De plus, Delphine, la fille de ma maîtresse, habitait à Salles dans les bois avec sa petite famille : ils n'étaient seulement qu'à une quinzaine de kilomètres de ces murs de feu qui parfois atteignaient trente mètres de haut.

Lorsque le feu fut enfin éteint, ce fut un grand soulagement pour tout le monde, sachant toutefois que dame nature en paierait un lourd tribut pendant des décennies et que même la forêt jouxtant la dune du Pyla n'avait pas été épargnée.

À 19 h 30, je fus donc présentée à Simone accompagnée de Catherine, qui arrivèrent pour dîner.

Mon maître, son magnifique premier enfant dans les bras, ne tarissait pas d'éloges sur cette race et il me baptisa donc « Chat Norvégien ».

C'était sûrement dû à l'épaisseur de ma fourrure et à mes longs poils blancs, comme une collerette.

Les présentations faites, on me lâcha enfin et je pus confortablement m'installer sur le canapé à côté, afin de mieux connaître ces deux personnes, ma foi très sympathiques.

Catherine, ancienne professeure d'espagnol, est plutôt gaie et avenante. Elle est très mince et le doit sûrement à une vie très saine et sportive, parcourant tous les jours Arcachon avec son vélo.

Quant à Simone, c'est la maman que Gérald aurait rêvé d'avoir et la dernière compagne de son père Henri, quatorze ans plus âgé qu'elle et décédé au début de la Covid.

Simone et Catherine ont une vie intellectuelle très riche, allant au cinéma, aux conférences et se mêlent à la vie sociale très active d'Arcachon. Elles partent souvent en vacances et ont écumé les bons restaurants de la région à l'aide d'un passeport gourmand offert en fin d'année.

Simone raconte à ma maîtresse la ville et ses changements, depuis trente ans.

Si Arcachon, ville au bord du bassin est célèbre pour ses huîtres et la douceur de son climat, ma maîtresse apprend qu'elle a été divisée en quatre quartiers portant les noms des 4 saisons, comme les concertos de Vivaldi.

La ville d'été, c'est le quartier principal du casino, des commerces et de la plage. Gérald est dans le quartier d'automne, ancien quartier de pêcheurs, ayant connu une grande activité économique jusqu'au début des années 50.

Les restrictions de sorties durant la Covid de l'an 2020, leur ont permis chaque jour de découvrir à pied le quartier de l'Aiguillon, ses petites rues, ses impasses, ses recoins, ses petites maisons rénovées et transformées peu à peu en superbes Arcachonnaises.

Un peu plus loin, le quartier sauvage du « lapin blanc » : un endroit hétéroclite pour les amateurs de photos et bientôt rattrapé par la civilisation où une frange de cabanes ostréicoles se partage l'environnement avec les carcasses de bateaux.

Nichée dans un écrin de verdure, la ville de Printemps est le quartier des Abatilles et de Pereire, célèbres pour leurs promenades bordées de pins.

Mes deux tourtereaux se font toujours un plaisir d'y amener leurs amis déguster les huîtres du banc d'Arguin sur cette magnifique plage de sable fin avec vue sur le Cap-Ferret et prennent souvent leur vélo pour aller y admirer le coucher du soleil.

La ville d'hiver, où Simone a possédé une belle maison, a été créée au 19e siècle, sur une dune, pour y soigner les tuberculeux.

Très vite prisée par une clientèle fortunée, de superbes et imposantes maisons y ont été construites. Simone leur dit qu'il ne faut pas hésiter à se perdre dans ce quartier pour y trouver les plus belles villas. De là, aller au parc Mauresque pour terminer à l'observatoire Ste Cécile afin d'y admirer la vue sur le bassin et la ville d'hiver.

Mais Gérald a fait déjà découvrir tout cela à ma maîtresse…

Depuis sa maison, ils partent très souvent marcher sur les planches, cette fameuse promenade piétonne et cyclable qui relie le petit port à la plage principale. Ensuite, ils rejoignent le centre-ville et ses rues commerçantes. Lorsqu'ils veulent profiter du côté sauvage du bassin, ils vont à pied, aux prés salés, vastes étendues recouvertes d'eau à marée montante, en longeant le parcours des aigrettes ou des libellules.

De là, ils voient Arcachon en face.

À pied ou à vélo, le long des sentiers aménagés, ils profitent de ce site naturel et préservé, lisent le nom des plantes, admirent les cormorans et les aigrettes et font une halte devant les parterres de salicornes dont les cuisiniers vantent les bienfaits.

Lorsque l'envie leur prend de marcher sur le Nord Bassin, ils vont jusqu'à Lanton où la légende raconte que le fantôme de Toulouse Lautrec y rôde encore.

Gérald va faire un golf avec son beau-frère J. Louis et ma maîtresse retrouve sa sœur, partageant avec elle son amour de la randonnée. Toutes deux aiment parcourir le sentier du littoral qui leur permet d'y découvrir des paysages changeant au fil des marées et des saisons.

Arcachon, c'est donc la ville où Gérald vivait depuis quelques années.

Veuf, sans enfants, ni frère, ni sœur, ni oncle, ni tante, il partageait son temps entre son jardin, les vide-greniers et le golf avec ses copains de toujours, auxquels il est très attaché.

Fanatique de bandes dessinées, une bibliothèque face à son lit en remplit l'espace.

J'apprends qu'Henri, le papa de Gérald quittait parfois sa maison de retraite pour venir avec Simone, le dimanche midi, manger dans son ancienne maison.

Fin gourmet, mes maîtres s'appliquaient alors à lui préparer un repas qu'il appréciait, accompagné d'une bonne bouteille de vin, surtout un médoc et, de préférence, un « Château Pipeau ».

Ayant à 95 ans, toute sa tête et un humour décapant et espiègle, il était content de revoir sa maison et toutes les transformations qui y avaient été faites.

Ma maîtresse avait poussé Gérald à tout rénover, chose qu'il attendait de faire, mais seul et affublé d'un gros défaut de procrastination il n'en avait jamais eu ni le courage ni l'envie. Elle avait su le convaincre de moderniser cette maison pour en faire un petit cocon.

D'ailleurs, lorsqu'elle était arrivée à Arcachon, les voisins avaient bien vu que la vie de Gérald allait être bousculée et ils lui ont souvent dit « qu'un ouragan était rentré dans sa maison ».

Même Henri fin psychologue avait dit à Gérald : « Tu as intérêt à t'accrocher mon gars… »

Après tout, Henri était bien placé pour savoir qu'il fallait s'accrocher dans la vie. En effet, sa vie n'avait pas été un long fleuve tranquille.

L'entreprise où travaillait son épouse proposa un jour à celle-ci un poste au Sénégal qu'elle accepta, à condition qu'on trouve un emploi pour son mari.

À cette époque, on ouvrait des comptoirs en Afrique de l'Ouest et il fallait avoir envie de changement et d'aventure pour tout quitter avec un petit garçon de 5 ans. Ils partirent donc tous les trois à Dakar, et en arrivant à l'aéroport, Gérald amusa ses parents en disant : « Oh là… il y a beaucoup de noirs ici ! »

Ses parents y restèrent une douzaine d'années, mais renvoyèrent leur fils, quatre ans après, vivre chez sa grand-mère paternelle à Bordeaux, où bien qu'adorant celle-ci, il vécut son retour comme un abandon.

Quelques années après l'indépendance du Sénégal, une série de malencontreux événements et la peur que la situation se complique et finisse comme en Algérie, signèrent le retour de ses parents en France. De plus, un polytechnicien était arrivé de la métropole avec des idées nouvelles, afin de changer toute l'organisation de l'entreprise où Henri était technicien et son épouse secrétaire de direction.

Ensuite, la maman de Gérald eut un très grave accident.

En effet, parti avec son époux et deux amis pour quelques jours dans le parc de Niokolo-Koba, près de la frontière guinéenne, le conducteur s'endormit au volant et le véhicule se retourna sur une piste. Elle ne dut son salut qu'à la force herculéenne des deux hommes qui réussirent à remettre le véhicule sur ses roues et purent la conduire à l'hôpital le plus proche.

Ils rentrèrent donc à Bordeaux.

Trouver un nouveau travail fut alors compliqué, car ils étaient souvent assimilés à des pieds noirs, les gens faisant un amalgame entre tous ceux qui rentraient d'Afrique.

Un jour, un désaccord important survenant avec le nouveau directeur d'Henri qui remettait en cause ses compétences sur le terrain, une grande altercation s'en suivit : de colère, celui-ci renversa son bureau et chercha un travail ailleurs.

Toutefois, leur détermination eut gain de cause et les parents de mon maître finirent par trouver un travail leur permettant de se stabiliser enfin au CEA du Barp en Gironde.

Maîtresse aime raconter son enfance à Gérald et profiter de leurs aller-retour toutes les trois semaines, entre le bassin d'Arcachon et la Dordogne, meublant ainsi 200 kilomètres de conduite, égrenant chaque fois un peu plus ses souvenirs.

Je comprends alors qu'à la lueur de leur amour naissant elle trouva ce jour-là, le moment et la force de lui parler de son enfance.

L'enfance

L'enfance, cette petite flamme que l'on garde en soi pour réchauffer son âme.

Jean Pierre Guéno

La maison de ma maîtresse avait été achetée en viager par ses grands-parents paternels, pépé René et mémé Odette, lorsqu'ils s'étaient mariés. Bien que située seulement à 400 mètres de la ferme, jamais personne ne l'avait habitée, car elle ne pouvait pas loger toute la famille et il était bien plus commode de vivre à côté.

Maîtresse se souvient qu'elle accompagnait sa maman qui venait chercher de l'eau au puits communal situé devant cette maison et qu'elles allaient parfois dans le jardin y arroser quelques fleurs.

Maman Reine l'appelait « Le gîte » et ne savait pas que des décennies plus tard, elle se transformerait l'été en locations saisonnières.

Ils vivaient tous, enfants, parents et grands-parents sous le même toit, comme c'était très souvent le cas à ce moment-là à la campagne, dans une maison basse au bord de la route.

La cuisine au milieu, une chambre de chaque côté, sans toilettes ni salle de bains, l'appentis à bois et la cave qui menait au grenier où les oignons séchaient l'hiver. Il y avait juste l'évier dans la cuisine pour faire sa toilette, avec la bassine d'eau chauffée sur la cuisinière *Rozières*, en fonte émaillée bleue.

Cette cuisinière, elle l'a récupérée dans sa maison et l'adore surtout depuis qu'elle a vu la même dans le film « la Veuve Couderc » avec Simone, Signoret et Alain Delon.

Les toilettes étaient loin, vers le poulailler et c'était parfois périlleux d'y aller seul : un jour, sa petite sœur Josette s'était fait courser et piquer le mollet par un jars, le mâle de l'oie veillant à ce que ses femelles ne soient pas dérangées. Les pauvres oies finissaient tout de même en confit et en foie gras en fin d'année.

Seul, le grand-père pouvait aller fièrement trôner sur le cacadou en bois, la porte ouverte à tout vent, le papier journal accroché à un fil de fer et les mouches dansant comme des derviches tourneurs au-dessus de sa tête.

Elle était née là, dans cette maison en 1954.

Dans la campagne, c'était bien souvent le médecin de famille qui pratiquait les accouchements.

À moins que cela ne soit pas possible, comme aimait le raconter son père, car quelques années après, étant arrivé trop tard pour conduire une voisine à l'hôpital, il avait dû l'aider à accoucher sur la table de la cuisine, le docteur n'arrivant pas…

Il avait déjà vu naître ses deux premières filles.

L'aînée, ma maîtresse, avait eu une naissance difficile : toute bleue, ne pleurant pas, le médecin avait dû lui faire du bouche-à-bouche…

Mais quel réconfort, le confit de canard et les pommes de terre que l'on n'appelait pas encore « sarladaises » mitonnaient sur la cuisinière et le bon docteur, une fois repu, était reparti courir la campagne.

Quant à sa sœur, Josette surnommée Jo, dix-sept mois plus tard, personne ne lui a dit ce qu'avait mangé le docteur, sauf qu'elle avait hurlé à peine sortie du ventre de sa mère et qu'elle n'a jamais cessé depuis de faire entendre sa voix…

Daniel, le petit dernier, eut plus de chance, car il était né à l'hôpital de Bergerac.

Il y fit également un autre séjour : en effet, à l'âge de trois ans, se tortillant comme un ver dans tous les sens sur sa chaise de bébé, il refusa de manger, même en lui bouchant le nez. Mémé Odette disait que c'étaient les yaourts faits avec le lait de ferme qui l'avaient empêché de mourir.

On parlerait peut-être d'anorexie maintenant et ce fut suffisamment grave pour qu'il soit hospitalisé à Bergerac.

Maîtresse se souvient de petits berceaux tous alignés les uns à côté des autres et du chocolat sur le menton de certains enfants et se rappelle le grand bonheur de toute la famille lorsqu'il était revenu à la maison.

Il avait fallu lui réapprendre à marcher et tout le monde faisait une haie d'honneur dans la cuisine pour l'empêcher de tomber.

On lui avait même acheté un mécano dans une petite boutique à Issigeac, tenue par une vieille demoiselle dont la particularité était d'avoir le petit doigt de la main droite complètement relevé vers le ciel.

À part les quelques jouets et la vaisselle qu'elle vendait, les enfants n'avaient d'yeux, au moment où leur mère était à la caisse, que pour cette main décharnée aux longs doigts, dont un était crochu.

Ce fut un moment heureux de retrouver cet adorable petit garçon aux cheveux blonds et bouclés qui faisaient demander parfois à certains visiteurs si c'était un garçon ou une fille, ce dont il se défendait avec virulence du haut de ses trois ou quatre ans…

Un garçon, c'était sacré dans une famille, surtout à la terre, et on l'attendait depuis longtemps. Papa était si heureux et maman Reine était soulagée.

Déjà que sa belle-mère lui reprochait d'avoir trois enfants… Pourtant, le lendemain de la naissance de ma maîtresse, elle était déjà dans les champs. À cette époque-là, il ne fallait pas s'écouter, le travail à la ferme passant avant tout et il y avait tant à faire…

Déjà qu'elle n'avait pas eu de dot… Ah oui, sauf un chat.

Pauvre minou ! Lasse des réflexions de belle-maman, elle l'avait mis un matin dans la sacoche de sa mobylette, et le cœur brisé, l'avait lâché au bord d'une grande route en direction de Bergerac et à plus de 15 km de la maison.

Mais deux jours après, le minou était revenu. Mamie Odette n'avait plus jamais fait de réflexion et la côte où le chat avait été lâché, avait été baptisée plus tard par maman Reine « la côte du chat perdu ».

Bien sûr, mémé Odette aurait préféré que son cher fils épouse la fille de riches propriétaires d'un village voisin, mais c'était un mariage d'amour tous les deux et Maîtresse se souvient encore des petits bisous qu'ils se faisaient dans les coins, malgré le peu d'intimité qu'ils avaient.

Il faut dire qu'ils dormaient tous ensemble dans la même chambre, deux grands lits alignés et au milieu, le lit bleu en bois du dernier-né où sa peluche était un petit mouton tout blanc. Un épais rideau avec de grosses fleurs roses cachait la lumière du jour.

Elle rit encore en pensant que lorsque sa maman leur faisait avaler tous les matins une cuillère d'huile de foie de morue, pour qu'ils deviennent grands et en bonne santé, elle essuyait sa langue sur ces rideaux.

Pourtant ce n'était rien en comparaison des granulés de charbon censés soigner les maux de ventre et laissant des traces noires sur l'envers des rideaux.

Maman Reine faisait parfois de l'automédication : un jour, le médecin n'arrivant pas assez vite, et ayant décrété qu'un des enfants avait une angine, elle avait enfourché sa mobylette et était partie à Issigeac chercher les médicaments. Lorsque le médecin était arrivé, les médicaments étaient déjà avalés et il avait juste confirmé le diagnostic.

Parfois, après le repas du soir et qu'ils étaient censés dormir, les parents partaient retrouver des voisins pour des veillées, ces soirées d'entraide où l'on effeuillait le tabac après qu'il fut descendu du séchoir.

Il lui revient alors le souvenir de grandes parties de rigolades dans cette chambre, avec son frère et sa sœur. Ayant très peu de jouets à cette époque, ils se contentaient de ce qu'ils trouvaient.

Tous les trois se déguisaient alors avec les chaussures et les vêtements pris dans l'armoire, se coursant autour de la petite table ronde en bois où trônait la photo de mariage des parents, dans son cadre de verre.

Dans le style kitch, il y avait aussi sur cette table une horrible petite barrique bleue en céramique avec six tasses accrochées, souvenir sûrement d'un cadeau de mariage.

Au rythme de leurs farandoles endiablées, elles se balançaient sans jamais tomber, comme ces petits chiens qui fleurissaient à l'époque à l'arrière des voitures avec leur tête branlante et qui vous faisaient bonjour.

Son frère avait été baptisé le jour de ses trois ans et il y avait sa petite sœur au milieu : très tôt, elle devait les surveiller lorsque la famille partait aux champs.

Elle se revoit encore guettant le départ des parents, prendre le ciseau de pépé René et faire une belle coupe au carré à sa sœur. Au retour de la famille, pépé en profita pour réparer les dégâts : adieu les belles anglaises de ma maîtresse et les cheveux bouclés de son petit frère.

Pépé coupa régulièrement les cheveux des trois enfants, leur faisant à tous et pour des années, une coupe à la Mireille Mathieu, emportant à chaque fois avec ses grands ciseaux pointus un bout de l'oreille du petit dernier qui bougeait sans arrêt.

Il lui mettait alors une feuille de cigarette sur le coin de l'oreille pour arrêter l'hémorragie et ses hurlements !

Mais pourquoi, par un jour de détresse, ma maîtresse a grimpé sur une chaise en paille de la cuisine pour aller récupérer sur la cheminée la petite boîte en carton de granulés bleus où il y avait la mort aux rats ?

Elle était petite… environ six ou sept ans… ne s'en souvient pas vraiment…

Si… tout de même… la chaise qu'elle tire, la cheminée, la boîte…

Heureusement, quelques heures après, elle était allée vomir derrière la grange : c'était raté, elle ne mourrait pas encore.

Elle se remémore tout de même cette douleur au fond de la poitrine.

Une grande solitude affective, des tensions dans cette famille acharnée aux travaux des champs. En fait, un grand mal être qui la poursuivra longtemps.

Pourtant, plus de soixante ans après, comme une caresse, lui revient l'odeur des tilleuls en fleurs devant la maison où les abeilles butinaient les grappes blanches et odorantes…

À l'ombre de leurs grands bras, le biberon de chocolat au lait qu'elle allait y boire, même si elle en avait passé l'âge, lui apportait le même réconfort que les premières bananes que maman Reine écrasait avec du sucre pour le goûter de 4 heures…

Gérald écoute ma maîtresse, n'osant l'interrompre, et je suis maintenant sur ses genoux, me laissant grattouiller…

Les parents

Papa Nénou et maman Reine

Le papa de maîtresse s'appelait « Maxime Jean Henri », mais avait été surnommé « Nénou » depuis sa plus tendre enfance. Mémé Odette disait que quand il était né, il était si petit qu'il tenait dans une boîte à sucre et qu'il avait été élevé au lait de chèvre.

À l'école, il était brillant et son institutrice voulait qu'il poursuive des études. Toutefois, il était très difficile à cette époque de franchir le cap pour des enfants dont les parents avaient des exploitations agricoles. Bien souvent, ceux-ci n'avaient pour choix que de prendre leur suite et c'est ce qui se passa, d'autant plus que pépé René s'y opposait.

Cependant, il lui était toujours resté et jusqu'à la veille de sa mort, le goût de la lecture et l'envie de s'instruire.

Il était encore sous la coupe de ses parents tant sur le plan financier qu'administratif et le vivait sûrement très mal : il dut attendre leur retraite pour avoir son indépendance et c'est à ce moment-là qu'il changea beaucoup et même complètement, devenant le père aimant dont elle avait tant rêvé.

Car qui peut pousser un père à économiser ses louanges et ses marques d'affection à ses enfants, si ce n'est la reproduction de ce qu'il a vécu, ou pas vécu ?

Quant à maman Reine, afin d'avoir un peu d'indépendance financière et éviter de demander de l'argent à mémé Odette, elle élevait des volailles et les portait au marché de Bergerac, le samedi matin, accompagnée de ses trois enfants.

Afin de leur éviter une trop longue attente, parfois dans le froid où sous la pluie, elle les menait chez une vieille tante à quelques mètres du marché. Ils grimpaient l'escalier en bois qui les conduisait au premier étage de sa maison où elle faisait réchauffer un café à leur mère avant qu'elle reparte sur le marché. Elle était un peu impressionnante avec sa chevelure toute blanche, mais maman Reine avait dit que c'était une « miraculée de Lourdes »… ?

Ils ne savaient pas trop ce que cela voulait dire « miraculée », mais elle leur avait expliqué qu'on devait lui couper la jambe et qu'à la suite d'un pèlerinage à Lourdes elle était revenue guérie. C'était donc un grand mystère de regarder cette vieille demoiselle qui boitait en se déplaçant avec une canne et qui les tenait au chaud, sans leur parler, jusqu'au retour de leur mère.

Les miracles, ils ne comprenaient pas trop, sauf, qu'une matinée, Mr le curé avait organisé une procession, car il ne pleuvait pas. Ils avaient trouvé très amusant d'aller en bas du village, à la fontaine du lavoir, son frère enfant de cœur en aube blanche et en tête du cortège, portant la croix à côté du prêtre.

L'histoire racontée avec humour par un ancien du village dit que ce jour-là, Mr le curé emporté par un élan de croyance, enfonça la croix, un peu trop profond dans la fontaine, ce qui déclencha un orage terrible sur le chemin du retour !

Ce fut sûrement ça le miracle !

Ancienne Pupille de la nation et aumônier dans les prisons, l'Abbé Clément était venu à Saint-Léon et vivait au Presbytère avec sa tante nommée Alice et sa grand-mère qui devint la première centenaire du village.

À ce moment-là, ils allaient au catéchisme et à l'église, le dimanche.

Il fallait aller régulièrement se confesser et Maîtresse se souvient qu'elle avait toujours les mêmes péchés à avouer. Pour faire sa pénitence, l'acte de contrition consistait à réciter toujours les mêmes prières : cinq à chaque fois qu'elle comptait sur ses doigts, pour s'en débarrasser au plus vite et retrouver ses amies qui attendaient dehors.

Le curé du village était perçu comme un phénomène par les garçons plus grands qui avaient fait leur communion et n'allaient plus à l'église.

Ils partageaient ensemble de bons moments et quelques apéros au café du village, dont cousin Paulo faisait partie.

Un soir, à la messe de minuit, à la suite d'une brouille avec ses chanteuses qui refusaient de chanter et qu'il appelait « les bigotes », M. le curé ne se démonta pas et se présenta devant les fidèles en début de messe.

Le plus solennellement possible, devant l'assistance interloquée, il annonça : « En raison de la grève d'une certaine catégorie de personnel, musique ininterrompue pendant tout l'office ! »

Au réveillon qui suivit la messe, il convia chez lui, au presbytère à côté, les enfants de chœur les plus âgés.

Après avoir pris connaissance du menu concocté par tante Alice, celle-ci fut invitée à rejoindre ses quartiers de nuit…

C'est à ce moment-là que la fête commença, les bouteilles de Bordeaux sortant comme par hasard (ou par miracle) de derrière les fagots…

Ce furent les premières découvertes éthyliques des garçons.

Les grands-parents paternels

Grand-mère Odette et pépé René

Grand-mère Odette avait deux visages.

Elle pouvait être maniaco-dépressive par moments, mais, lorsqu'elle allait bien, régentait la maison avec l'énergie débordante d'une cocotte-minute prête à exploser. Il va sans dire que ce n'est pas la vie dont elle avait sûrement rêvé et ma maîtresse la surprenait parfois plonger furtivement son nez dans quelques revues de Paris Match ou de Jours de France, pour rêver d'une vie qui ne lui appartenait pas.

Bien des années après, Maîtresse apprit l'histoire de mémé Odette et comprit alors beaucoup de choses.

Mémé Odette, dont les parents agriculteurs habitaient Bardou, le village à côté, était l'aînée d'une fratrie de trois enfants et avait perdu sa sœur jumelle à la naissance.

Arriva ensuite une autre fille, Alice, qui vécut centenaire et un garçon, Orin, qui mourut jeune.

À l'âge de douze ans, elle vécut le traumatisme de l'abandon et dut quitter sa famille : en effet, elle fut adoptée par une tante qui n'avait pas d'enfant et partit vivre avec elle à Saint-Léon-d'Issigeac, la privant de son frère, de sa sœur et de ses parents.

Elle quitta donc sa famille, le cœur lourd.

Pendant ce temps, sa sœur Alice allait à pied l'hiver depuis chez elle, jusqu'au couvent de Monsac parfaire son éducation et apprendre la broderie alors que son frère Orin aidait ses parents à la ferme.

Aujourd'hui, cet ancien couvent où allait tante Alice est maintenant rénové, faisant de ce lieu paisible et intimiste un endroit pour se reposer, écrire ou faire du yoga.

Pour ceux qui ne connaissent pas la Dordogne, j'ouvre une petite parenthèse pour dire que durant la dernière guerre Juliette Gréco, avec sa sœur et sa mère, se réfugièrent dans ce petit village de Monsac où elles possédaient une maison.

Les années passaient et à l'heure où les jeunes filles étaient en fleurs, mémé Odette commençait à être une belle jeune femme coquette et à rêver du prince charmant. Des rubans, elle n'en avait pas… alors, parce que c'était le printemps, elle mit des pâquerettes dans ses cheveux.

À Saint-Léon, il y avait une petite boulangerie où elle allait régulièrement chercher le pain et le boulanger avait un fils à peine plus âgé qu'elle.

Le premier amour de sa vie, celui qui lui fit battre le cœur et croire que le bonheur était enfin là, et ils se fiancèrent.

Mais hélas, son fiancé tomba gravement malade et décéda quelques mois avant le mariage.

L'histoire dit que mémé Odette porta longtemps le deuil de cet amour brisé et qu'au mariage de son Frère Orin, elle était encore toute de noir vêtue.

Est-ce le fait d'avoir perdu sa sœur jumelle à la naissance, d'avoir été abandonnée par ses parents et adoptée par une tante, ou d'avoir perdu son amoureux très jeune qui faisait de mémé Odette une grande dépressive ?

Personne ne le saura jamais et elle n'aura jamais été soignée pour ça.

Parfois, elle était si mal que de grandes crises de neurasthénie la laissaient dans l'incapacité de se lever pendant quelques jours. On lui portait alors une assiette de soupe dans son lit et son regard jetait des étincelles de désespoir.

Le papa de ma maîtresse disait que, lorsqu'il était enfant, elle parlait souvent de suicide, et, plusieurs fois, ils la cherchaient avec son frère et la retrouvaient sur le chemin qui menait à la rivière.

C'est vrai qu'elle avait eu des chagrins, mémé Odette, perdant également son cher Frère Orin, tué dans le champ par son taureau et laissant une épouse et deux filles accablées et complètement désorientées.

Et lorsqu'à la ferme, le taureau devenait un peu capricieux, elle décidait qu'il fallait s'en séparer, rappelant à tous l'histoire du pauvre Orin « qui n'avait peur de rien » et de son épouse qui, des années plus tard, ne pouvant surmonter son chagrin, se noya dans la marre aux canards, lui rajoutant un nouveau coup de massue.

Pourtant, quand elle allait bien mémé Odette pouvait être très coquette et lorsque le marchand de vêtements venait de la ville, faisant du porte-à-porte avec son petit camion, elle essayait et achetait des robes qu'elle mettait lorsqu'elle sortait avec pépé René et qu'elle accompagnait parfois avec beaucoup de fierté…

C'est ce qui se passa quand on annonça la venue du Général de Gaulle à Villeneuve-sur-Lot, en Lot-et-Garonne, pour le 14 avril 1961.

Maîtresse avait six ans et se rappelle bien que pour ce jour particulier, elle avait acheté une robe neuve, pépé René avait nettoyé la Nova 4 et ils étaient revenus enchantés et époustouflés par ce bain de foule, ce qui avait émoustillé mémé Odette pendant quelques jours.

Pépé René était né à Saint-Léon-d'Issigeac, d'un père nommé Émile, épicier sabotier et coiffeur et avait deux frères, Raoul resté à l'épicerie familiale et André qui s'installa avec son épouse dans une petite maison du village et mourut, jeune, d'une maladie des poumons.

Mémé Odette lui avait montré une photo de pépé René, grand et bel homme à moto avec elle, toute petite derrière agrippée à son grand corps. « Il était Valet de ferme », avait-elle dit à ma maîtresse, ne réalisant peut-être pas combien ce qualificatif pouvait être dévalorisant…

Mais c'était tout de même un bel homme qu'elle avait épousé, même si ce bonheur fut de courte durée.

En effet, les scènes de ménage allaient bon train et la promiscuité de la famille, vivant tous sous le même toit ne permettait pas de cacher leurs fréquentes disputes.

À quel moment cela avait-il basculé entre pépé René et mémé Odette ? Ne lui accordait-elle pas assez de tendresse ? Était-il un peu volage ? Certes, il était un peu coquin et plaisantin : combien de fois mettait-il de l'eau à la place du lait de ferme dans les petits bidons que portait Tante Alice, la bonne du curé du village ?

Quant à son activité de maire pendant 30 ans, n'ayant pas de secrétaire de mairie à l'époque, cela lui permettait de justifier toutes ses absences à la ferme, ce qui toutes suppositions faites, laissent à penser que cela l'arrangeait bien. Et, en effet, bien des années plus tard, rangée dans une valise, une très vieille photo surgie de cartons montre pépé René sur sa moto en compagnie de trois copains du même âge : on peut y lire au dos, noté de sa belle écriture déliée : « Je pars pour le bagne, à Saint-Léon-d'Issigeac. »

C'était le temps aussi où pépé René allait chercher des grenouilles à la rivière, qu'il mettait dans un sac de toile, en attendant de les préparer pour le repas. Quelle horreur de voir un jour les grenouilles échappées du sac sautant partout et s'agrippant aux vitres de la Nova 4 garée devant la maison !

De plus, il lui avait dit qu'elles avaient des doigts et que l'énorme globe oculaire dont elles étaient affublées était bien leurs yeux…

Un autre jour, passant devant la mare aux canards, les trois enfants eurent la surprise de voir un sac en toile de jute plongé dans l'eau avec un bout de ficelle qui dépassait. Celui-ci semblant bouger, ils retirèrent alors le sac avec des bâtons, pour trouver à l'intérieur un petit chaton tout noir qui avait bu la tasse, mais qui n'était pas mort.

Ils l'avaient appelé « Moïse » et jamais personne ne leur reprocha de l'avoir sauvé.

Ces mêmes sacs de toile en jute servaient surtout pour mettre le grain au moment des moissons. Pesant près de 80 kg lorsqu'ils étaient remplis et jetés sur l'épaule, ils étaient pour la plupart montés au grenier.

On échangeait le blé avec le boulanger du village qui remettait des bons : de cette enfance, reste le souvenir de ces petits tickets en carton qui donnaient crédit pour aller chercher le pain que mémé Odette pesait souvent, maugréant de dépit et trouvant que celui-ci était de moins en moins lourd…

Grand-père : personne avec de l'argent dans les cheveux et de l'or dans le cœur.

Pépé René disait souvent à ma maîtresse qu'il allait partir et elle en était très malheureuse. Elle n'était qu'une enfant, ne voyant en lui que le seul refuge affectif dont elle avait besoin, car c'était le seul qui la prenait sur ses genoux, le soir…

D'ailleurs, la nuit, elle en faisait des rêves d'angoisse et se réveillait au matin pour voir avec bonheur qu'il était là.

Elle pourrait encore aller lui acheter, à l'épicerie que tenait son Frère Raoul, une sardine de baril bien séchée et recouverte de sel, que tonton plierait dans un beau papier blanc tout fin.

Pépé René était friand de ce nouveau mets, les sardines qui arrivaient à l'épicerie depuis quelques temps, toutes enroulées de sel dans un baril en bois. Il ouvrait alors la porte de la cuisinière *Rozières*, celle où on mettait le bois et à l'aide d'un grand couteau fin de cuisine, enfilait sa sardine par la tête pour la faire griller, laissant pour la journée dans la maison une odeur pestilentielle, réjouissant les mouches de la grange à côté, surprises et curieuses de ces nouveaux parfums.

En plus des sardines de baril, il y eut aussi les premières bouteilles de limonade qui arrivèrent à l'épicerie. Les trois enfants furent ravis d'aller y chercher ce qu'ils appelèrent longtemps « le pique pique », qualificatif que ne comprit pas du tout tonton Raoul la première fois qu'ils en demandèrent… C'était pratique pour eux d'y aller faire les courses, car il n'y avait pas besoin d'emporter d'argent, tonton Raoul notant tout dans son petit carnet, étant à la fois, comme ses parents, épicier, sabotier et coiffeur.

C'est vrai qu'il leur faisait un peu peur, imposant dans des pantalons attachés avec de grosses bretelles, comme Raimu dans les films de Pagnol et qui empêchaient son ventre proéminent de tomber.

Il avait fait la guerre en 14 et il était tombé dans un trou d'obus.

Resté plusieurs jours dedans, il avait retrouvé une bouteille d'absinthe dans sa vareuse et le sucre ajouté à la menthe l'avait stimulé au point qu'il avait pu s'en sortir et qu'il était rentré chez lui, à l'épicerie du village, les jambes remplies d'éclats de métal.

C'était tout de même une distraction d'aller à l'épicerie, car il y avait cousin Paulo et cousin Pierre et si Paulo n'était pas causant, Pierre l'était plus.

Il n'y avait pas encore la télévision à la maison, juste un petit poste de radio.

C'était donc une grande joie lorsqu'ils étaient invités, avec leurs parents, chez des voisins, pour voir la célèbre Piste aux étoiles, première émission présentant un spectacle de cirque.

Quant à la guerre d'Algérie, elle n'avait que 8 ans lorsqu'elle s'est terminée et elle était encore trop petite pour comprendre quoi que ce soit.

Toutefois, elle a encore en mémoire des livres glacés en noir et blanc avec des images terribles de corps sanguinolents et torturés, qu'elle allait voir en cachette, dans la chambre de pépé René, sans en comprendre le sens, sauf que c'était quelque chose de terrifiant.

Un jour, ces livres ont disparu aussi vite qu'ils sont venus.

On ne parlait pas de cette guerre.

Plus tard, son père avait dit qu'un de ses copains du village à côté était revenu fracassé avec toutes les horreurs perpétrées, aussi bien d'un côté que de l'autre.

Stanislas

À quel moment Stanislas est-il arrivé à la ferme ?

Ils habitaient toujours la même maison, celle qu'ils ont toujours appelée « la vieille maison ». Sûrement entre 1960 et 1961.

Après la guerre et encore à cette époque, il y avait beaucoup d'Italiens qui venaient chercher du travail dans les campagnes et il y avait déjà une famille installée dans le village.

Est-ce pour cela que ma maîtresse l'avait toujours pris pour un Italien ? Pourtant c'était un Polonais.

Stanislas dormait dans le bourg où il y avait une autre grande et vieille maison de famille, près de l'église du village. Maîtresse accompagnait souvent sa maman dans cette maison pour y faire sa chambre, sans oublier de passer par le puits où, avec son sceau, elle puisait l'eau. Cette maison était vieille et chargée d'histoire, car on y récoltait la dîme, cet impôt sur les récoltes et l'élevage prélevé par l'église ou la noblesse et qui fut aboli en 1789… Le peuple s'était révolté et espérait la fin de la famine et de la misère…

Ils imaginaient des personnes se cachant et fuyant la répression et elle faisait un peu peur à leurs âmes d'enfants. Pourtant, quelle incidence pouvait-il y avoir ici dans la campagne et si loin de Paris, de l'émancipation d'un peuple ?

Depuis la chambre de Stanislas, sans chauffage ni sanitaire, il y avait une trappe en bois qui cachait un souterrain : on y accédait par un petit escalier taillé dans la pierre et poli par les siècles.

On se retrouvait alors dans une petite pièce carrée pleine de mystère où l'on tenait juste debout. De chaque côté, il y avait un sousterrain fermé, l'un en direction de l'église à quelques mètres et l'autre vers le village…

À l'étage, le plancher était pourri et les souris dansaient la capucine.

Signes de sa richesse et de son histoire passée, il y avait encore deux magnifiques et imposantes cheminées se faisant face.

Leurs manteaux en bois laissaient deviner les traces effacées d'anciennes armoiries supposées être à l'effigie du château de Cugnac d'à côté, percepteur de l'impôt à cette époque.

Et quelques années plus tard, Stanislas était reparti comme il était venu et la maison était restée en l'état. Elle n'a jamais su pourquoi il avait quitté la famille et où il était allé. Elle sait bien que ce n'est pas à cause de sa petite sœur Josette qui lui criait « Stanis, t'es un con ! ».

D'ailleurs, son père la poursuivait avec le fouet du cheval pour lui faire demander pardon. C'est qu'elle avait toujours eu du caractère celle-là !

À ce moment-là, ils habitaient encore dans la vieille maison, où, dans la cave attenante, Josette était souvent enfermée pour avoir répondu à son père. Parfois, le soir au dîner, elle devait aller au lit sans souper et ma maîtresse lui portait le morceau de pain qu'elle n'avait pas mangé et qu'elle avait caché dans sa poche.

Grand-mère Odette disait : « Elle est infernale, mais c'est celle que son père préfère ! »

Peut-être, tout simplement, parce que lui n'avait jamais osé se rebeller…

On dit souvent que la place du second est difficile dans une fratrie. Josette, étant la seconde dans la famille, avait-elle du mal à trouver sa place ?

On sait bien que l'enfance nous poursuit toute la vie.

Les graines semées dans l'enfance développent de profondes racines.

Stephen King

Grands-parents maternels

Les grands-parents saupoudrent de la poussière d'étoiles sur la vie de leurs petits-enfants.

C'était un grand bonheur lorsqu'ils allaient aussi en vacances chez les parents de leur maman, pépé André et mémé Germaine.

Ils les avaient surnommés « Mémé et pépé de Bardou », nom du village qu'ils habitaient depuis qu'ils avaient quitté avec leurs deux enfants, maman Reine et tonton René, le petit restaurant qu'ils tenaient à l'entrée de Bergerac.

Ils y avaient retrouvé la ferme des Parents de pépé où il avait passé son enfance : il était allé à l'école du village, partait au catéchisme à Saint-Léon à pied et dès huit ans, qu'il pleuve ou qu'il vente, aidait aux travaux des champs en ayant mangé un quignon de pain.

De sa rude enfance et jusqu'à sa mort, il garda une forme de rusticité, lui faisant apprécier chaque chose de sa vie.

Il était bon d'aller passer quelques jours de vacances dans cette maison où la longue façade était baignée de soleil et où il y avait peu d'interdits.

Ils y retrouvaient leurs trois cousins, enfants du frère de maman Reine : en effet, celui-ci rentrant d'Algérie était venu rejoindre la ferme familiale avec femme et enfants.

Les hivers étaient rigoureux à cette époque et ils adoraient quand mémé sortait le « moine », un instrument archaïque en bois qui servait à chauffer le lit. Elle prenait des braises dans la cheminée, les plaçait dans un récipient en fer et mettait l'ensemble dans leurs lits, qui malgré les couettes en duvet de canard restaient gelés, les chambres étant glaciales.

Le matin au réveil, une douce odeur de café à la chicorée Leroux chatouillait leurs narines : les tartines de pain grillées dans la cheminée étaient généreusement couvertes de confiture de pêches de vigne que mémé faisait chaque année. Elle préparait ensuite la soupe pour midi et, l'hiver, allait à la cave chercher les carottes qui étaient conservées dans la terre et recouvertes de sable pour qu'elles ne gèlent pas.

Quant à pépé, il ne parlait pas beaucoup et ne voulait surtout pas se fâcher avec quiconque, si bien qu'il était toujours d'accord avec tout le monde par devant, mais avait toujours d'autres avis, par-derrière.

Une vie passée au soleil, aux lourds travaux des champs, avait buriné son visage de mille rides et on devinait des muscles puissants sous ses chemises à carreaux. Il les surprenait toujours, car jusqu'à la fin de sa vie, il passait les hivers pieds nus dans ses galoches. Il aimait leur faire plaisir et leur contait comment, sans que mémé s'en aperçoive, il décrochait les saucissons qui séchaient pendus à la poutre du plafond, qu'il les coupait en deux, en mangeait un morceau et les recollait avec une allumette. La colère de mémé le faisait bien rire, car c'était pour lui une farce qu'il faisait partager à ses enfants et ensuite à ses petits-enfants.

Tous les ans, pépé et mémé, élevaient des petits chevreaux qu'ils avaient le droit de caresser et de câliner en leur donnant à manger devant la maison. Leur bonheur durait jusqu'au moment où mémé invitait toute la famille et qu'ils découvraient avec horreur, que les petits chevreaux bien grillés dans la cheminée, étaient le festin du jour.

Elle était tolérante, gaie comme un pinson, chantonnait souvent, un vrai boute-en-train de cette grand-mère, tout l'opposé de mémé Odette et les moments passés chez elle, étaient des sucreries qu'on ajoute sur un gâteau.

Dans l'armoire de sa chambre, ils avaient découvert, aux vacances d'été, des boîtes de chocolats, restes de Noël sûrement achetés en solde et qu'elle conservait pour leur offrir le Noël d'après. Les mois d'attente passés dans une armoire, cachés sous des draps, les avaient rendus pâles et sans goût, mais ces premiers chocolats dans leurs boîtes brillantes étaient des cadeaux du ciel et faisaient miroiter des Noëls plus riches à venir.

Puis le soleil s'est éteint pendant de longues années :
Un drame se produisit alors un jour d'été.

Les campagnes commençaient à se moderniser, la mécanisation battait son plein, et il n'était pas de mise de parler de sécurité.

Tonton René, le frère de maman Reine venait de recevoir la nouvelle botteleuse-lieuse qu'il venait d'acheter : trop pressé, il ne l'avait pas arrêté pour aller voir dessous la grande tige en fer qui poussait une ficelle servant à attacher les bottes de paille. Sous les yeux de son fils de 6 ans, sa tête heurta la tige et cousin Jean Claude rentra en courant tout affolé à la maison disant que « Papa avait du sang partout ».

Rien à faire : tonton fut tué sur le coup à 36 ans, dans son champ, par sa nouvelle machine.

L'obligation d'embrasser le tonton tout froid avec sa tête bandée sur son lit de mort, avant qu'on ne referme le cercueil, fut pour les enfants le premier contact avec la mort.

La tristesse de maman Reine fut immense et n'eut d'égale que celle de pépé et mémé de Bardou, dont la belle fille et les trois enfants quittèrent ensuite la maison familiale.

Maîtresse ressentit une grande peine pour sa maman, car elle devinait souvent les larmes qu'elle essayait de leur cacher en essuyant ses yeux, de son mouchoir blanc.

Le travail à la ferme

La condition naturelle à l'homme est de cultiver la terre et de vivre de ses fruits.

J. Jacques Rousseau

C'est vrai que le travail à la ferme était dur à cette époque et il y avait tant à faire, car hélas, on ne pratiquait pas la monoculture : donc du 1er janvier au 31 décembre, l'emploi du temps de chacun était géré en fonction des saisons.

Au printemps, en été, en Automne, il y avait toujours de quoi remplir ses journées.

On préparait les terres, on y mettait le fumier des bêtes pour les enrichir, il y avait les semailles, le travail des vignes, les moissons, les vendanges, le tabac, le maïs, les prunes, sans oublier les légumes au potager…

Les moissons étaient des grands moments d'entraide avec les voisins et les hommes et les femmes, bien que travaillant dur, étaient heureux de tant de solidarité.

Au mois de juin et de juillet, les greniers regorgeaient de foin dont l'odeur si particulière attirait les enfants : ils allaient s'y coucher et n'hésitaient pas à mettre dans leur bouche un morceau d'herbe séchée, qu'ils mâchaient afin de mieux s'en enivrer.

Le battage consistait à l'aide d'un instrument composé d'un manche et d'un battoir, relié par une sangle et nommé fléau, à séparer les graines de l'épi des céréales. Maîtresse se souvient encore des grands gestes du grand-père devant la grange, battant à grands coups de fléau les cosses des haricots en grains. On mettait ensuite à sécher ces grains libérés afin de les conserver pour l'hiver, permettant de les cuisiner en soupe ou en accompagnement des magrets de canard ou des saucisses « maisons » conservés à l'époque dans des pots en terre et recouverts de graisse de canard ou de graisse de cochon.

À la campagne, pratiquement tout le monde élevait son cochon et c'était minimum trois jours de cuisine pour le préparer, le vieil adage « dans le cochon, tout est bon » se révélant ne pas être qu'un simple dicton.

Bien que cela ne durait pas longtemps, ce n'était pas drôle pour les enfants d'imaginer le cochon se faire égorger, surtout quand ils entendaient ses cris et qu'il fallait récupérer son sang très vite pour faire le boudin.

Chacun avait sa place pour la cuisine du cochon.

Un hachoir était placé et fixé en bout de table afin de mixer la viande pour les pâtés, saucisses et saucissons et les enfants devaient moudre le poivre en tournant la manivelle d'un vieux moulin qui avait dû connaître plusieurs générations et dont un parfum capiteux s'échappait. C'était drôle de voir des mètres et des mètres de boyaux, préalablement préparés et nettoyés plusieurs fois avec soin, se remplir de viande. Ils étaient ensuite attachés aux extrémités avec la ficelle de cuisine coupée à l'avance, pour finir accrochés à un bâton enroulé de papier journal, au plafond de la cuisine afin de les faire sécher.

Dans un grand chaudron en fonte, qu'ils appelaient le « peyrol » ou « le toupi » en patois, la cuisson de la graisse du cochon se poursuivait dans la grande cheminée où il ne fallait pas laisser le feu s'éteindre : la graisse ainsi filtrée servait d'année en année, conservée dans les pots en grès, ainsi que le gratton recouvert d'une couche de graisse, d'un papier sulfurisé et d'un couvercle en papier journal attaché avec une ficelle.

Et puis ce fut nouveau : le moissonnage à l'ancienne avec une lieuse où l'on faisait les herbiers en coupant les gerbes à la faucille fut remplacé par la moissonneuse-batteuse et papa Nénou et son frère tonton Gérard montèrent une petite entreprise de battage.

Cette petite entreprise dura quelques années, les paysans abandonnant de plus en plus leurs traditions.

Toutefois, maman Reine était très inquiète lorsque papa Nénou ne rentrait pas le soir et ne dormait pratiquement pas jusqu'à son retour : peut-être que le souvenir de l'accident de son Frère y était pour quelque chose…

Un soir, il était rentré tard et elle ne s'était pas couchée, l'attendant dans la cuisine tout en préparant les légumes pour le repas du lendemain. Voyant l'inquiétude de son épouse, il avait dit en riant qu'il avait arrêté un incendie naissant sur cette énorme machine en urinant dessus, n'ayant pas d'autre moyen à l'époque pour stopper un feu naissant, ce qui n'avait pas du tout amusé maman Reine.

À la ferme, il y avait beaucoup de vaches et la vente du lait était un petit rapport pour la famille.

Parfois, mémé Odette, décidait de faire du beurre à l'aide d'une baratte en bois, mais trouvait que c'était long, car il fallait sortir la crème du lait lorsqu'elle pensait que sa température était bonne et la battre alors énergiquement, jusqu'à ce qu'elle se transforme en petits morceaux fermes qu'elle mettait alors dans un moule en bois pour qu'ils prennent forme.

À la grange, il y avait les soucis quand les vaches avaient des problèmes de vêlage, ou qu'elles avaient avalé de la luzerne volée dans un champ à côté, ce qui les faisait gonfler. Leur père disait que le vétérinaire devait leur faire un trou dans la panse afin d'en chasser l'air et ce terme leur faisait très peur. Ce n'est que quelques années après que les clôtures électriques ont été installées et elle garde encore le souvenir de ses hurlements quand elle restait accrochée au fil, en attente que son père vienne couper le courant.

Sa maman avait eu le même désagrément lors de l'achat du premier petit frigidaire, toutefois, celui-ci placé en hauteur s'était débranché en tombant avec elle.

Maîtresse dit qu'elle ressentait toutes les ambiances dans cette maison : les angoisses du temps, du gel l'hiver sur la vigne, des orages l'été également…

Ils avaient une pratique à l'époque de faire exploser des fusées anti-grêles pour éviter que celle-ci ne tombe sur les vignes. Les trois enfants regardaient alors comme des héros, depuis les vitres de la cuisine, les deux hommes de la maison se transformer en véritables artificiers, porteurs du miracle qui éviterait la faillite sur leur maison.

Un jour, leur père était revenu en saignant, car une fusée lui avait éclaté aux oreilles et il était resté sourd pendant quelques jours.

De printemps ensoleillés où ils allaient tout heureux cueillir les premières jonquilles, des travaux dans les champs où il fallait aider le jeudi après-midi, des étés parfois un peu plus sereins et des hivers glacés où les chambres n'étaient pas chauffées, le temps passa, mais ma maîtresse se sentait toujours aussi triste. Inutile de raconter que gamine, elle devait aussi garder les dindons dans les champs et n'avait que les coccinelles à observer afin de combler sa solitude : les coccinelles, « les bêtes à bon Dieu » comme lui disait sa maman, car il fallait faire un vœu en les prenant dans la main et ce qu'on souhaitait devait se réaliser…

Et, lorsque le soir elle ramenait les dindons pour les fermer à l'étable, car le renard était gourmand, il fallait éviter de passer à côté d'un rang de vigne. En effet, ils adoraient picorer le raisin et il était difficile de les empêcher de voler ce mets rare et raffiné en faisant de grands « glouglou ».

Les oies, dans la basse-cour, avaient également une nourriture dont elles étaient friandes : les orties que mémé allait couper au bord des chemins avec une grande faucille, se protégeant les mains avec un mouchoir. Elle en prenait ensuite plusieurs branches et après les avoir découpées en petits morceaux les mélangeait à la farine avant de les porter dans le poulailler. Il ne fallait pas oublier de cuisiner pour le cochon également, et, pour lui, c'étaient bien souvent des topinambours, aujourd'hui délicieux légumes au goût d'artichaut revenus à la mode.

Ma maîtresse continuait de détester la campagne et elle jurait ses grands dieux que, jamais au grand jamais, elle viendrait y vivre, ou épouserait un gentil paysan.

Elle pleurait lorsqu'elle était obligée d'aller dans les vignes ramasser les sarments pour faire des fagots, ou aider à attacher les lattes.

Il y avait aussi les prunes. Une fois les pruniers secoués, il fallait les mettre dans des paniers puis les installer à plat dans des grandes claies pour les faire sécher dans le four au bout du hangar. Elles dispersaient alors des effluves chauds et sucrés.

Et puis il y avait également la récolte du maïs. Les trois enfants aimaient se cacher dans leurs grands pieds en se faisant des moustaches avec leur barbe, car seuls les épis étaient récoltés.

De la « vieille maison », pas de souvenirs d'aide au ménage ou à la cuisine, elle était sûrement trop jeune… Toutefois, dès 9 ans, elle avait dû apprendre à repriser les chaussettes avec une orange qu'on mettait dedans.

Et les chaussettes, elle en reprisa longtemps et beaucoup.

Elle accompagnait aussi sa mère, qui à l'aide d'une brouette en bois et de grandes bassines, allait laver le linge au lavoir à la sortie du village, à plus d'un kilomètre de la maison et, en rentrant, il était souvent pendu au plafond de la cuisine pour le faire sécher.

Maman Reine avait dû changer pour quelque temps ses habitudes lorsqu'elle allait au lavoir, car elle avait subi les assauts d'un voisin qui voulait l'embrasser et papa Nénou s'était mis très en colère, menaçant de « casser la figure » à cet inopportun personnage.

C'est vrai que maman Reine était très jolie et toujours souriante !

Il y avait aussi les gitans qui venaient s'installer et posaient pour quelques jours leurs caravanes à la sortie du village.

Ils provoquaient de grandes frayeurs aux enfants lorsqu'ils venaient frapper énergiquement à la porte vitrée de la cuisine, pour vendre leurs paniers ou quémander des œufs.

Maman Reine fermait à ce moment-là la porte à clés, ce qui les rassurait.

Papa Nénou racontait qu'un midi, rentrant des champs pour manger, il était passé devant leurs caravanes et, en leur disant bonjour, leur avait fait remarquer que ça sentait bon chez eux : il avait alors été invité à goûter le plat du jour qui était du hérisson.

Papa Nénou avait trouvé ça très bon !

À la ferme, il y avait toujours eu un cheval, mais contrairement à la complainte du « Petit cheval blanc » de Georges Brassens, il était marron.

Les paroles lui revenaient, quand, partis avec mémé Odette dans les champs, soudainement le ciel s'était obscurci.

Le vent s'était mis à souffler comme une menace et le clocher du village au loin se détachait dans le paysage tel un appel au retour.

Mémé Odette fit rentrer les trois enfants à toute vitesse à la maison, tous derrière et le petit cheval devant…

Le petit cheval blanc dans le mauvais temps :

Qu'il avait donc du courage
C'était un petit cheval blanc
Tous derrière, tous derrière
C'était un petit cheval blanc
Tous derrière et lui devant.

Moi, Bambou

Le chat ouvrit les yeux, le soleil y entra,
Le chat ferma les yeux, le soleil y resta.
Voilà pourquoi le soir, quand le chat se réveille,
J'aperçois dans le noir deux morceaux de soleil.

Maurice Carême

Et voilà, le temps s'écoulait, mais pas si doucement que ça, car au vu de l'agenda qu'ils tenaient, les semaines étaient bien remplies. Maîtresse disait qu'elle ne voyait pas le temps passer et qu'ils vieillissaient bien trop vite, car, à peine levés, c'était déjà le soir.

Parfois, il fallait aller chez le médecin, surveiller le sucre, le cholestérol, où faire quelques séances de kinésithérapie…

On leur avait bien dit qu'ils étaient maintenant dans le club des « t'as mal où ? ».

Toutefois, ils n'avaient jamais imaginé que leur vie rejoindrait celle de tous les retraités actifs qui doivent consulter leur agenda avant d'accepter quoi que ce soit, au risque de devoir annuler une invitation au dernier moment.

Un repas ici, une invitation là, une petite escapade de quelques jours chez les copains, le jardin à Arcachon à entretenir, celui de Dordogne également.

Dans ce jardin de campagne, Gérald n'a pas son pareil pour tailler les arbustes à qui il donne de belles formes arrondies et il est ravi quand Maîtresse le surnomme « Le Nôtre ».

De plus, amoureux de voyages et surtout à l'étranger, à peine revenus, ils en projettent un autre : surtout ma maîtresse, avide de sensations, qui n'a jamais la tête au repos.

Et moi, pendant ce temps-là, qui peut être long, je suis confinée à la maison de campagne où, Viviane, la douce voisine vient me nourrir matin et soir.

Même si je fais la tête quand ils rentrent, en faisant comme s'ils n'existaient plus, ils n'en ont pas moins envie de repartir.

Viviane me laisse la baie vitrée du séjour entr'ouverte et je navigue entre le jardin et la maison, où je reviens comme une boulimique, goûter à mes croquettes à volonté, faisant dire à mes maîtres, à leur retour, que j'ai pris mon poil d'hiver. Et lorsque le soir ils vont se coucher, je m'installe au fond de leur lit les laissant imaginer que je me suis beaucoup ennuyée seule à les attendre.

Mais ils en sont ravis, même si mon poids sur leurs jambes est un handicap pour leurs nuits agitées.

J'ai pour principe de ne pas les réveiller le matin, attendant patiemment que ma maîtresse prépare ma première gamelle avant de me mettre dehors.

Quant aux souris, la première attrapée en Dordogne, je l'ai déposée devant la baie vitrée. Hélas ! ce cadeau offert à mes maîtres n'a pas été apprécié à sa juste valeur.

Une fois, j'ai même trouvé un petit serpent dans les rocailles bordant la piscine, ce qui a affolé mon maître, qui craignait que je me fasse mordre.

Je me contorsionnais au soleil, sur le dos, avec ce petit serpent aux écailles dorées, quand ils sont arrivés tous les deux armés d'une pince et d'un balai et qu'ils décidèrent de m'enlever ce jouet pour l'emporter dans le champ d'à côté.

À Arcachon, je cours les mulots… C'est drôle de les prendre dans la gueule et de les relâcher juste après et, quand ils ont fait quelques pas affolés, les reprendre de nouveau dans la gueule !

Maîtresse a lu que leur petit cœur bat tellement vite qu'ils peuvent faire un infarctus ! Pas toujours ! parfois, ils sont même tellement malins que je me rends compte qu'ils font semblant d'être morts !

Là encore, on m'empêche de jouer bien que cela soit essentiel pour nous les félins.

Tous les psys ou plutôt les comportementalistes pour chat vous le diront ! On me traite souvent de curieuse… ce n'est pas faux, mais tous les chats sont curieux, ça n'a rien d'anormal.

C'est vrai que j'aime bien voir ce qui se passe chez les autres, même si cela ne m'a pas toujours porté toujours chance : en effet, à Arcachon, la voisine Patricia bouclait ses valises pour repartir en région parisienne : et voilà, je me suis laissé bêtement enfermer dans sa maison.

Le soir, ne me voyant pas rentrer, mon maître se posa des questions et je l'entendais m'appeler, sentant sa panique monter d'heure en heure…

Et au petit matin, comme je n'étais pas sur le paillasson devant la porte, il commença à vraiment s'inquiéter.

Et moi, je me disais que j'allais mourir de faim et de soif et que Patricia à son prochain retour de vacances me trouverait complètement desséchée.

Je me mis donc à miauler le plus fort et le plus longtemps possible et soudain la porte s'ouvrit.

Ouf ! J'étais sauvée ! Mon maître m'avait entendue et, heureusement, il avait les clés de la maison.

Maîtresse affirmait souvent qu'il avait une oreille bionique, et c'était bien vrai…

Patricia dira plus tard que j'étais bien élevée, car j'avais fait mes besoins dans sa douche…

Pour qu'arrivent les belles choses, il suffit de s'entourer des bonnes personnes.

Agnès Ledig

La relation semblant débuter sous de bons auspices, le week-end suivant, Gérald invita donc ma future maîtresse à revenir à Arcachon pour quelques jours.

Il faisait encore beau en cette saison et Gérald ramena sa chérie faire du bateau sur le lac de Cazaux, maintenant déserté par les touristes. Elle pressentit que cette fois-ci elle pourrait peut-être être heureuse avec cet homme plein d'humour et de douceur qui avait envie de reconstruire une histoire, après avoir souffert du décès de son épouse, à la suite d'un cancer.

Ils partirent à Ikea et là y rencontrèrent deux amis de Gérald : Agnès et Jean-Luc, avec qui il était à l'école dès la 6e à Mérignac. Les présentations faites, ils furent invités chez eux à retrouver d'autres amis fidèles, Patricia et Bruno, quelques jours après. Bruno et Gérald s'étaient lié d'amitié à l'âge de quatorze ans au camping de Port Maguide où ils allaient camper et y retrouvaient Jean-Luc qui passait également ses vacances, en caravane, avec ses parents.

À cette soirée-là, sont également invités Florence et Philippe.

Philippe, c'est le frère de Christine qui a fait se rencontrer nos deux amoureux et les retrouvailles des deux copains sont assez rock'n'roll, comme à chaque fois d'ailleurs.

Ils se prennent dans les bras, s'embrassent, ou font semblant de s'embrasser sur la bouche, avec toujours les mêmes fous rires…

Ces complicités qui ont traversé le temps, ces retrouvailles à chaque fois aussi festives et amicales, la spontanéité de chacun à aller aider l'autre pour la taille de ses arbres, l'entretien de son jardin ou la mise à l'eau de son bateau laissent ma maîtresse admirative.

Tous ces larrons s'invitent très régulièrement pour fêter leurs anniversaires, le premier soleil, les bains dans la piscine chez Agnès et Jean-Luc aux premières chaleurs d'été, le golf dans les landes à Molliets chez Philippe, l'anniversaire de Bruno dans le chalet de Maubuisson dont Patricia a dessiné le projet.

Et maintenant, c'est Jean-François qui a vendu sa maison de Biscarosse pour retrouver Karine qui travaille encore dans le Médoc.

Ils ont même fait une cagnotte où, tous les mois, ils mettent de l'argent afin de faire un voyage qu'ils choisissent ensemble autour d'un apéro dînatoire.

Leur premier voyage a été le Costa Rica avec la location de deux voitures : la traversée du pays, de la mer des Caraïbes à l'océan Pacifique, a été pimentée de belles découvertes dans une végétation luxuriante.

Les volcans, les plages, la forêt tropicale, les animaux, les passages à gué dans la rivière sans avoir vu l'avertissement « attention crocodiles », les hurlements des singes dans les arbres alors qu'ils essayaient tant bien que mal de rejoindre leur hôtel, leur faisaient s'imaginer qu'ils étaient des aventuriers…

La ville a une figure, la campagne, une âme.

Ils repartent en Dordogne et ont trouvé maintenant un nouvel itinéraire, plus bucolique, qui les fait passer par la Réole, Duras et Eymet.

En traversant les vignobles de Duras, ma maîtresse suggère de s'y arrêter.

En effet, elle veut en profiter pour acheter du vin rouge, prévoyant de cuisiner un coq au vin pour leurs amis.

Ensuite, elle suggère de visiter le château de Duras datant du Moyen-âge, classé, aujourd'hui monument historique.

Moi, pendant ce temps, je vais rester dans la voiture.

Parés d'un carton de vin et ravis de la visite du château chargé d'histoire, les voilà repartis vers la Dordogne, ma maîtresse poursuivant alors son récit…

Souvenirs

Le jour où un enfant se rend compte que toutes les grandes personnes ont des défauts, il devient un adolescent. Le jour où il pardonne, il devient un adulte. Le jour où il se pardonne à lui-même, il devient un sage.

Alden Nowlan – poète canadien

Sur la route qui les ramène donc en Dordogne, Maîtresse continue à conter son histoire à Gérald et j'ai eu le droit de sortir de ma cage et de me poser sur ses genoux.

Ah ! L'enfance… Il y a ce qu'on n'a pas compris sur le moment, ce qu'on comprend plus tard ou qu'on s'explique comme on peut, et qui remonte souvent au fil du temps qui passe, laissant perplexe.

Dans la vieille maison, ma maîtresse était souvent malade et le médecin avait conseillé à ses parents de l'envoyer en colonies de vacances, à La Bourboule, dans le Massif central…

Le cauchemar commença dans le train, au moment du repas, quand Maîtresse sortit une petite gourde en plastique, ramenée de Lourdes, avec la Sainte Vierge dessus. Elle n'a jamais compris pourquoi mémé Odette, afin d'alléger sa souffrance du départ pour un lieu inconnu, avait ajouté quelques gouttes de vin rouge dans l'eau… peut-être bénite ! Le contenu et le contenant ont été confisqués pour la plus grande honte de la petite fille qu'elle était.

Ensuite, il y avait les horribles dortoirs sans âmes où il fallait dormir et faire la sieste à heure fixe, les grandes promenades les uns derrière les autres dans une nature où la beauté lui échappait, puis les lettres ou cartes postales qu'il fallait envoyer aux parents.

Si par malheur vous disiez votre ennui, c'était déchiré et il fallait recommencer.

On ne faisait pas dans la psychologie à l'époque, et les accompagnants ressemblaient, pour elle, à des garde-chiourmes.

Non, vraiment cela ne lui avait rien apporté, sauf à savoir plus tard, bien qu'elle soit très sociable, qu'elle n'aimait pas la vie de groupes.

Sa petite sœur eut plus de chance : obligée elle aussi de faire un séjour à La Bourboule, elle avait tellement hurlé en s'accrochant aux bras de ses parents, lors d'une visite du dimanche, qu'ils avaient dû se résoudre à la ramener en Dordogne et n'y revinrent jamais, même lorsque le petit dernier y fit également un séjour.

Mais il y a eu aussi, de bons moments de partage avec les cousins et les cousines et des parties de cache-cache où depuis les poutres en haut de la grange où les vaches étaient rentrées le soir pour la traite, ils sautaient dans les bottes de foin sans aucun sens du danger.

Et aussi, les après-midi où ils jouaient au docteur, avec cousin Pierre et à l'école, sous la petite terrasse couverte devant la maison : Maîtresse était l'institutrice, son cousin Bernard l'inspecteur d'académie, son petit frère, sa sœur ainsi que Bernadette, la sœur de Bernard, étant ses élèves.

Préadolescence et adolescence

L'adolescence peut être comparée à la mue du crabe qui doit rejeter sa carapace pour pouvoir grandir.

Konrad Zacharias Lorenz

Et puis, la maison neuve fut enfin habitable.

Mémé Odette disait qu'ils avaient vendu des vaches pour finir de faire construire cette maison juste à côté, mais pas trop, car elles avaient été bien payées.

Toutefois, plus tard, elle ne cessa de répéter que cela avait bien changé.

La salle de bains de cette maison fut accueillie comme le premier grand luxe qui allait leur permettre de s'occuper de leur féminité naissante. Les deux sœurs se douchaient deux fois par jour sous l'œil réprobateur de pépé René qui leur faisait remarquer qu'elles ne devaient pas être bien sales pour se laver autant.

Et si chacun avait sa chambre, sa sœur et elle en partagèrent une jusqu'à ce qu'elles quittent la maison familiale, où elles gardent encore le souvenir de leurs fréquentes chamailleries, se promettant chaque dimanche à la sortie de la messe et sur le chemin du retour, que c'était la dernière fois qu'elles se disputaient.

Daniel, le petit frère qui aimait ses sœurs autant l'une que l'autre en souffrit longtemps, chaque jour devant choisir son camp, car lorsqu'on est trois c'est souvent deux contre un… Et lorsqu'il avait choisi sa sœur, ils grimpaient parfois tous deux dans le cerisier, la laissant en bas seule et désemparée.

Il fallut attendre longtemps avant d'avoir un vrai chauffage dans cette nouvelle maison.

Seul un poêle à bois dans le couloir central à l'étage essayait péniblement de la réchauffer et l'humidité suintait au plafond, car il n'y avait pas de norme d'isolation à ce moment-là.

Ils étaient encore et souvent malades l'hiver, et combien de fois maman Reine a-t-elle posé des ventouses à ses rejetons en leur contant des histoires qu'elle inventait ?

Des histoires qui se finissaient toujours bien, mais qui ont malheureusement donné de fausses idées à ma maîtresse, car, souvent, dans les pires situations, elle pense encore que tout va s'arranger…

Les ventouses ont été ensuite remplacées par les cataplasmes à la moutarde qui leur brûlaient le corps. Maman Reine, après un temps de pause qu'ils trouvaient interminable, leur frottait alors énergiquement le corps avec une serviette, afin de les en débarrasser : sans oublier papa Nénou qui, habitué à faire les piqûres aux vaches, faisait également les piqûres aux trois enfants avec une énorme seringue !

À l'école primaire, Maîtresse récitait des poésies lorsque l'inspecteur d'académie venait. Droite devant le bureau, où le poêle à bois ronflait à côté, elle y mettait tout son cœur, et les fables de la Fontaine n'avaient plus de secret pour elle.

Plus tard, elle pensait que le Roseau, c'était son frère, car il pouvait plier, mais ne se cassait jamais, la cigale étant sa sœur, car elle leur « tapait » leur argent de poche lorsqu'elle était à l'école d'infirmière de Périgueux, et elle, se qualifiant de fourmi, sa nature lui faisant maladivement anticiper beaucoup de choses.

À l'époque, et jusqu'à l'entrée en sixième, l'instituteur ou l'institutrice devaient faire la classe du plus petit au plus grand et il n'était pas rare d'assister à quelques sévices, tels les coups de règle sur les doigts, la mise à la porte de la classe, ou parfois une fessée donnée par la maîtresse pour la plus insupportable.

Il y eut aussi le plus âgé des garçons qui arrivait tous les matins en retard et il se racontait en douce qu'il chassait les pies pour en récupérer les pattes, ce qui lui procurait un peu d'argent de poche : en effet, celles-ci étaient considérées à l'époque, à tort ou à raison, comme des animaux nuisibles pillant les réserves et véritables prédateurs des petits oiseaux.

À l'âge où les enfants ne sont pas toujours tendres entre eux, elle subit à la récréation les sarcasmes de certains de ses compagnons de classe lorsqu'elle habita la nouvelle maison.

Bien qu'elle l'attribuât à une forme de jalousie, car c'était la première maison neuve du village, elle en ressentit une grande injustice et dans sa tête les traitait de « gauchos » sans trop savoir si c'était bien approprié où tout simplement ce que cela voulait vraiment dire…

Ils avaient abandonné très vite le fait de manger à l'étage dans la petite cuisine de cette nouvelle maison, car ils étaient tous les jours sept à table avec parfois les jours d'école, les cousins Bernard et Bernadette qui venaient partager le repas du midi.

Au rez-de-chaussée, une cuisine immense fut donc aménagée, rendant plus pratique la vie au quotidien.

Cousin Bernard était très difficile et c'était toujours la guerre pour lui faire accepter les plats concoctés par mémé Odette ou maman Reine dont une sempiternelle sauce aux câpres procurait l'écœurement de tous les enfants.

Il avait une expression qui lui appartenait pour définir tout ce qu'il n'aimait pas : « C'est quoi cette petite canière ? »

Maîtresse en avait cherché longtemps la signification, le trouvant savant, mais ce mot n'existait pas, ni en français, ni en patois, ni écrit de différentes manières : ce n'était qu'un mot à lui qui exprimait son dégoût.

La salle à manger à l'étage avait une cheminée qui ne fut pratiquement jamais allumée, mémé Odette prétextant que cela la salissait.

Maîtresse y alla souvent lorsque papa Nénou achetant les premiers « tout l'univers » à un démarcheur qui battait la campagne, le savoir entra dans la maison.

Ces livres rouges et or brillaient dans la bibliothèque de la salle à manger où les seuls moments passés étaient réservés à quelques repas de famille.

Les trois enfants appelaient la « Castafiore » une tante lointaine, petite et ronde, qui venait du pays de Jacqou le croquant.

Elle avait pour habitude de porter un collier de perles autour de son cou, si court, que l'on aurait dit un garrot !

Sûrement que les trois enfants avaient lu les aventures de Tintin écrites par Hergé et rangées dans la bibliothèque, car ils s'amusaient à appeler son grand fils « Professeur Tournesol », celui-ci les encombrant de ses vérités aussi farfelues que lui.

Toutefois, ils regardaient cette famille avec beaucoup de curiosité et de respect, car mémé de Bardou avait dit en aparté, et comme si elle leur confiait un secret, qu'ils avaient caché des juifs pendant la guerre.

Maîtresse dit à Gérald qu'elle avait dix ans et qu'elle aurait aimé en savoir plus, mais n'avait jamais osé questionner sa grand-mère.

C'était une période où elle dormait peu ou très mal.

En effet, elle avait beau dire qu'elle avait des maux de ventre terribles qui la faisaient se relever parfois la nuit, personne ne semblait y prêter attention.

On ne lui avait pas expliqué que la puberté la travaillait et que bientôt les premières règles arriveraient, même si à dix ans c'était de bonne heure.

On l'avait mis en garde toutefois :

« On pouvait avoir des enfants quand on avait ses règles… »

« Ah bon, on pouvait avoir des enfants ? Mais comment on a des enfants ? Ce ne sont pas les cigognes qui les portent ? »

Mémé Odette le lui avait pourtant dit !

Elle n'avait pas dû lire Freud, mémé Odette, lui qui écrivait :

« L'intérêt sexuel de l'enfant se porte en premier lieu sur le problème de savoir d'où viennent les enfants : dire que c'est la cigogne qui les apporte est accueilli, plus souvent qu'on ne le pense, avec méfiance. »

Heureusement, parfois il y avait une bonne copine un peu plus âgée, qui expliquait tant bien que mal ce qui fut longtemps un grand questionnement. De plus, ils n'avaient pas le droit d'entrer dans la grange quand une bête mettait bas et les naissances des animaux étaient également un mystère et on les en chassait sans ménagement.

Sans beaucoup de ménagement également, le souvenir du père les envoyant au lit lorsque dans le film *Et Dieu… créa la femme*, la sulfureuse Brigitte Bardot creva l'écran et qui lui fit comprendre plus tard le sens du mot « frustration ».

Aussi, c'était un grand bonheur d'aller passer quelques jours de vacances d'été chez leurs cousins dans le village, où Tatie Renée laissait libre cours à leur imagination débordante et enfin libérée des contraintes de chez eux.

À onze ans, elle partit au collège de Beaumont du Périgord, avec les premiers ramassages scolaires en bus.

Elle n'était pas matheuse, mais adorait le français et s'empressa en 6e de faire acheter, par une amie plus âgée, les livres que la professeure leur demandait de ne pas lire, *Des souris et des hommes* de Steinbeck et *L'amant de Lady Chatterley* de l'écrivain anglais D.H Lawrence.

La torride liaison de l'aristocrate Lady avec le garde-chasse de son mari fit le tour de ses amies en cachette et leur en appris un peu plus sur ce que pouvaient être le plaisir et le désir des deux amants. Sa professeure de français prit un jour sa dissertation en 6e et alla la lire à la classe de 3e où Nicole était en dernière année. Dans le bus scolaire où elles se retrouvaient, elle lui faisait réciter ses leçons et en profitait pour s'en servir de factrice afin qu'elle fasse l'échange de lettres qu'elle partageait avec le chauffeur Yves, de 10 ans son aîné, et qu'elle épousa des années plus tard.

Malade dans le bus, car le petit déjeuner au lait complet de ferme lui retournait l'estomac, Yves était obligé parfois de stopper son véhicule pour la déposer au bord de la route.

Afin de régler ce problème, elle dévora tous les matins, à la place du bol de lait, une assiette de pâtes au beurre, engendrant un régal pour toute sa vie. Mais le collège fut aussi l'endroit de grandes désillusions : les chaussures aux pieds qui faisaient rire, les vêtements pas assez à la mode, les boutons sur le visage qui la détournaient des embrassades le matin…

Les années ont paru bien longues, mais il y eut enfin la télévision à la maison.

En Mai 68, Maîtresse a 14 ans et trouve son père devant le téléviseur, maugréant et pestant contre les étudiants qui se déchaînaient sur les barricades.

Lui qui n'avait fait que travailler sans jamais se rebeller, ne pouvait pas comprendre les motivations de ces jeunes et râlait devant le réceptacle.

D'ailleurs, au repas du midi en fonction de sa tête lorsqu'il entrait à la maison, les enfants savaient s'ils pourraient parler à table, ou pas, et bien souvent ils ne parlaient pas.

Pourtant, à 15 ans, quand le premier homme posa les pieds sur la lune, ce fut le souvenir d'un événement extraordinaire et presque improbable que toute la famille contempla le nez, rivé au téléviseur.

En 3e, Maîtresse avait pour objectif de se présenter au concours de l'école normale à Périgueux, car elle rêvait d'être institutrice : mais attention, une seule faute d'orthographe vous recalait… C'est ce qui se passa à son grand désespoir, car elle pensait avoir réussi.

Toutefois, des années bien après, elle sut que cet échec fut un mal pour un bien : « quand une porte se ferme, une fenêtre s'ouvre »…

Aurait-elle pu, elle si peu patiente, se retenir d'un geste sanctionné, surtout par les parents d'élèves ? Comment l'empêcher de tirer l'oreille d'un élève indiscipliné ?

Le rapport au corps pouvait être mal interprété et il ne fallait surtout pas toucher ces enfants rois…

C'était l'heure où l'essaim des rêves malfaisants tord sur leurs oreillers les bruns adolescents.

Charles Baudelaire

Combien de fois la nuit rêvait-elle qu'elle était dans un tuyau qui l'étouffait et n'arrivait pas à s'en sortir ? Elle se réveillait alors, tremblante au fond de son lit, heureuse de réaliser que ce n'était qu'un songe.

Et, d'autres fois, elle rêvait qu'il lui suffisait de déployer ses bras comme les ailes d'un oiseau et qu'un simple battement la faisait s'élever au-dessus de la terre, qu'elle voyait alors d'en haut.

Elle se souvient que le racontant à son père, celui-ci avait ri en lui disant que c'était un rêve qu'il avait déjà fait.

Il n’est nul besoin d’être psychologue pour comprendre et interpréter les messages cachés de ces rêves dont les psychanalystes parlent comme « les gardiens du sommeil ».

Après le collège, Maîtresse intégra le lycée à Bergerac afin de préparer le bac.

Des années d’internat, qu’elle subit sans aucun intérêt ni plaisir.

Toutefois, en remontant dans les brumes de son inconscient, où alors est-ce grâce à la séance d’hypnose faite par Sylvie, rencontrée à Arcachon, qu’elle se rappela Marie Claire et leur profonde amitié, faisant d’elle sa meilleure amie de classe, sa confidente et sa correspondante pendant les vacances d’été. Mais, quelques jours avant la reprise des classes, Marie Claire lui écrivit, l’informant qu’elle ne voulait plus de son amitié et qu’elle ne reviendrait pas au lycée.

Ces quelques mots la jetèrent dans une profonde tristesse, car, en plus de leur séparation, elle ne comprit jamais le pourquoi de cette lettre et poursuivit sa dernière année comme un zombie.

Elle se rendit compte qu’elle aurait aimé être assistante sociale, mais elle n’avait pas choisi la bonne voie et se laissa porter par la facilité, car il lui tardait de quitter la maison.

Puis ses parents commencèrent à la conduire au bal du samedi soir et elle découvrit ses premiers émois amoureux. D’ailleurs, un soir le garçon qui était venu l’inviter pour un slow langoureux la perturba et il lui proposa d’aller dans sa voiture. Elle fut d’accord et ils sortirent dehors pour se trouver… nez à nez avec les parents ! « Il faisait trop chaud dedans », leur dira-t-elle.

Quelque temps après, elle eut également un soir l’autorisation de sortir en boîte de nuit avec un voisin plus âgé et rencontra un beau garçon qui la troubla et à qui elle donna rendez-vous à la sortie du lycée ainsi que son adresse, chez elle.

Quelle ne fut pas sa surprise, le week-end d'après, alors qu'elle transportait une brouette de betteraves, de le voir arriver au village, tout pimpant avec sa belle voiture ! Le choc de cette visite imprévue et la honte lui ont fait oublier ce qu'il s'était passé après : ce qui est sûr, c'est qu'elle ne le revit jamais.

Voilà pourquoi ma maîtresse enviait les copains de classe qui ne participaient pas aux travaux des champs.

Elle était toujours aussi mal dans sa peau et alimentait son mal être en écoutant, en boucle, Léo Ferré chantant « La solitude, c'est extra et avec le temps », faisant le désespoir de ses parents qui ne savaient plus que faire d'elle. Sur les conseils avisés d'amis, ils l'inscrivirent dans une école privée à Bergerac, pensant la remettre ainsi sur le bon chemin. Fièrement, elle put en un an, au lieu de deux, se préparer au métier de Secrétaire et elle apprit la sténographie et la comptabilité avec brio, sachant qu'elle allait enfin pouvoir enfin voguer de ses propres ailes.

Malgré sa réussite, cette année-là fut marquée par la tristesse de perdre sa meilleure amie de classe se faisant écraser par un camion, un matin, sur le chemin de l'école, avec sa Motobécane Cady.

Travail d'été

Les vacances, c'est comme la vie, ça passe toujours trop vite.

Ce fut une bonne et agréable opportunité lorsque Michèle qui est devenue l'épouse de cousin Paulo lui proposa de venir travailler avec elle, pendant les vacances scolaires, dans un petit village à côté.

Elle était vraiment heureuse de cette proposition qui allait lui apporter un peu d'argent de poche : elle avait une Motobécane et des pantalons pattes d'éléphants qui lui donnaient un air de jeune fille émancipée et elle n'avait besoin de personne pour se rendre disponible.

Une famille bourgeoise venait chaque année de la Guadeloupe, pendant les vacances d'été, afin de passer quelques semaines dans leur petit manoir.

Madame arrivait toujours en premier avec ses trois enfants, afin de tout mettre en ordre et Michèle était de corvée pour l'y aider et se gagner un peu d'argent. Monsieur, exploitant d'immenses bananeraies dans les îles, arrivait ensuite suivi d'un cortège d'invités qui venaient tout l'été festoyer avec eux.

Les coins, les recoins, les sols, les plafonds, les bibelots en cuivre, l'argenterie, les casseroles et 400 petits carreaux de vitres à nettoyer sans aucune trace, étaient les menus travaux à effectuer, et Madame qui n'hésitait pas à se mettre à quatre pattes sous les meubles pour vérifier si le travail était bien fait !

Un jour comme elle soutenait à Mimi que le sol de la salle de bain n'était pas propre, Mimi en colère s'y enferma, faisant beaucoup de bruit en tapant la serpillière sur le sol et faisant gicler l'eau de la baignoire.

Quelques minutes après, elle en ressortit après avoir seulement mis de l'eau claire dans son seau et le montra à Madame ce qui fit dire à celle-ci : « Vous voyez ! C'est tout de même beaucoup mieux ! »

Bien que cela ne soit pas beau à avouer, l'attitude déplaisante et hautaine de Madame leur donnait des excuses pour lire les lettres que Monsieur envoyait à son épouse.

Elles riaient en découvrant qu'ils se vouvoyaient, toutefois, surprises et choquées par le peu de chaleur qui s'en dégageait…

Leurs souvenirs les plus drôles furent les moments de repas.

Madame les initia au service dans la salle de réception et leur montra comment il fallait se mettre à gauche pour servir à table si l'on servait au plat, et comment à chaque son de la cloche, il fallait apporter le plat suivant ou desservir la table en se mettant à droite du convive, sans jamais empiler les assiettes. Ensuite, lorsque les invités arrivaient, elle les briffait à la cuisine, car il fallait commencer bien sûr par les Dames, mais la plus âgée, et faire de même pour les Messieurs…

Un beau jour, Madame fit les gros yeux à Mimi qui s'était trompée : elle revint alors en cuisine vexée, disant à ma maîtresse qu'elle n'était pas dans ses plantations !

On ne servait à table que les beaux morceaux du poulet découpé par Mimi et ne restait que la carcasse croustillante dont elles se délectaient en cuisine, n'ayant rien d'autre à se mettre sous la dent.

Quant à Monsieur, il avait pour habitude de prendre après le repas son café dehors, sur la terrasse, et Mimi portait donc chaque jour sur un petit plateau, la tasse, le sucrier, la cuillère et les biscuits. Mais un jour les éléments n'étant pas bien centrés, lorsqu'elle enleva la tasse et les gâteaux, le sucrier et le plateau basculèrent pour se retrouver misérablement au sol devant Mimi complètement décontenancée…

Monsieur la regarda alors et lui dit : « la prochaine fois, il faudra commencer par le plus lourd »… ouf !

Et puis il y eut aussi les booms qui leur mirent un peu de baume au cœur en éveillant leurs premiers émois amoureux.

Un jour, les parents de Maîtresse avaient prêté la vieille maison pour y organiser une de ces fêtes musicales et dansantes qu'ils préparaient tout excités par l'idée d'avoir enfin un moment à eux : une quinzaine de garçons et de filles s'y retrouvaient et se trémoussaient sur les airs de Boney M. de Dave chantant « Vanina » et dansaient des slows langoureux en écoutant Michel Sardou et sa « Maladie d'amour » ou Johnny Halliday chantant « Que je t'aime ».

C'était l'occasion de goûter les premiers alcools que certains sortaient en cachette de chez eux, les parents ne donnant que des jus de fruits.

Et puis la vie et les années passèrent avec leur cortège d'illusions et de désillusions.

Et voilà Gérald qui veut maintenant savoir comment elle a rencontré le père de sa fille, Edward surnommé Dodo.

Edward, père de Delphine

Delphine, sa fille infirmière libérale, vient de téléphoner à Maîtresse pour donner des nouvelles de son père Edward qui est toujours hospitalisé.

En effet, il vient de subir un pontage coronarien et le remplacement d'une valve, la pose de stents quelque temps avant n'étant plus suffisante pour son cœur fatigué.

Delphine est émue, car il vient d'être opéré par le chirurgien avec qui elle a travaillé, à l'Hôpital Haut l'Évêque.

Edward était typographe, blond aux yeux bleus et elle trouvait qu'il ressemblait à Cloclo (Claude François).

Ils s'étaient rencontrés à un bal du samedi soir, à Issigeac : il était drôle et l'amusait beaucoup en cette période sombre de sa vie où elle s'ennuyait terriblement, espérant un jour fuir la campagne pour ne jamais y revenir. Il venait passer ses week-ends en Dordogne chez des copains et il la promenait dans une petite voiture rouge, une Fiat 124 cabriolet sport, qui tombait sans arrêt en panne et dont il dut se séparer rapidement.

À l'époque, pas de téléphone portable. La semaine, il lui écrivait de belles lettres et elle les attendait avec impatience.

Toutefois, ses frasques des week-ends à la campagne, alternant avec quelques beuveries et rencontres féminines, remontèrent aux oreilles de son père. Il fallait tuer cette romance qui commençait sous de mauvais auspices et les ragots des grands-mères sûrement jalouses des nouvelles libertés que s'octroyaient les jeunes.

Lorsque Edward la ramena le dimanche soir, après une après-midi de sage promenade, son père lui fit comprendre qu'il ne voulait plus qu'ils se voient et demanda à sa fille de monter dans sa chambre.

Malheureuse devant tant d'injustice, elle sauta alors du balcon et s'enfuit à pied au village de ses grands-parents maternels, pépé et mémé de Bardou…

Lorsqu'elle les vit par la fenêtre, sagement attablés face à face dans leur cuisine, elle n'osa pas les déranger et alla se cacher dans la grange au bord de la route.

Elle ne bougea pas lorsque, quelques heures plus tard, ses parents s'étant rendu compte que la chambre était vide étaient venus voir si elle n'était pas chez les grands-parents.

Un va-et-vient de voitures et son Frère Daniel sur sa mobylette, lui firent prendre conscience de l'inquiétude des parents : au petit matin, elle sortit de la grange et rentra pour se voir infliger la punition de partir au lycée de Bergerac, comme si de rien n'était, sachant tout de même qu'on avait bien failli appeler les gendarmes.

L'histoire aurait pu s'arrêter là, mais une lettre d'Edward, porteuse d'une mauvaise nouvelle, arriva quelques semaines plus tard et ma maîtresse s'empressa de la lire à ses parents. La maman d'Edward avait un cancer. Il allait falloir qu'il se prépare à la perdre également, après avoir perdu son frère d'une crise d'appendicite aiguë parce que le médecin n'avait pas été appelé assez tôt.

Ses parents furent touchés et son père qui avait eu également une péritonite ne fut plus aussi virulent.

Edward revint la voir en cachette et un week-end elle prétexta être chez une amie, afin de passer ce moment avec lui.

Ils profitèrent de ce week-end pour se promener et la nuit dormirent dans les vignobles de Monbazillac, pliés en quatre à l'arrière de sa petite Simca 1000 avec une couverture sur les genoux, en étant sages comme des images.

Le mariage fut vite accepté et pépé René maria sa première petite fille qui allait quitter le village pour partir vivre à Bordeaux : Il n'a jamais su que pendant la messe elle avait bien failli faire marche arrière ! c'est vrai que ce mariage était un peu précipité !

Pourtant ils n'avaient pas fauté eux !

Ce n'était pas comme des amis qui s'étaient mariés « avec le polichinelle de quatre mois dans le tiroir », comme on disait à la campagne !

La famille fut fière de ma maîtresse, lorsqu'elle trouva tout de suite, un poste de Secrétaire dans une agence de publicité, Cours de l'Intendance à Bordeaux.

Le soir, elle faisait les cent pas sur le trottoir en attendant que son Mari vienne la chercher. Avec son sac à main sur l'épaule et sa petite robe courte à fleurs achetée avec son premier salaire, elle montait et descendait le cours de l'Intendance, en attendant son époux.

Un jour, où l'attente fut plus longue que d'habitude, elle fut accostée deux fois, l'une pour une proposition d'aller au cinéma et l'autre pour aller boire un verre… Et toujours par de « vieux Messieurs » !

Lorsque le soir, invitée à dîner chez des amis bordelais, elle compta l'histoire, sa naïveté fit rire la tablée et c'est le cas de dire qu'elle se sentit comme « une oie blanche ».

Avant qu'Edward travaille à Sud-Ouest, ils connurent la « vache maigre ».

Heureusement, ils ramenaient des œufs de la campagne, car le poulailler en était rempli et bien souvent il y avait des œufs le midi et de l'omelette le soir.

Edward, lorsqu'il travaillait de nuit, faisait les magasins de bricolage le jour et dépensait sans compter.

Ma maîtresse tenait le cordon de la bourse et additionnait ses dépenses, mais rien n'y faisait. Et en plus d'être dépensier, il était hypocondriaque et son médecin s'arrachait le peu de cheveux qu'il lui restait.

En parlant de cheveux, il paraît même qu'un jour, il s'était fait mettre en arrêt maladie parce que sa coupe de cheveux avait été ratée…

Et puis un matin, ma maîtresse se réveilla et courut vomir aux toilettes…

Cela ne lui arrivait jamais.

Elle était enceinte, elle en était sûre… Comment était-ce possible ?

Ah oui ! un soir, elle était rentrée un peu éméchée…

Comment ça se passe lorsqu'on attend un bébé ? Comment ça se passe un accouchement ? Est-ce douloureux ?

Là encore, on ne lui avait jamais rien dit, sauf que maman Reine lui avait avoué s'être fait avorter avec des aiguilles, par une amie de la famille Sage-Femme à Bergerac, avec tous les risques que cela comportait.

De plus, Maîtresse allait sur ses14 ans et mémé Odette aurait sûrement été en colère, car trois enfants c'était déjà beaucoup.

Est-ce la peur de l'avortement pour son épouse, ou le fait qu'elle ne veuille pas d'un quatrième enfant ? Sûrement un peu des deux. Leur père s'était, paraît-il, mis dans une grande colère et avait brisé le cadre du mariage posé sur la table de chevet, cadre qui est toujours resté fissuré comme un reproche permanent à une femme qui lui avait tenu tête.

Ma maîtresse a 20 ans, elle a peur de l'accouchement et n'a pas d'amie à qui se confier.

Après deux mois de grossesse difficile et de vomissements et afin de ne pas perdre son enfant, elle est obligée d'avoir une piqûre chaque jour pendant trois mois et doit rester allongée le plus longtemps possible, écoutant les premières émissions de radio de la célèbre psychanalyste Françoise Dolto « lorsque l'enfant paraît ».

Son gynécologue bordelais est un homme peu causant et lui laisse prendre vingt kilos qu'elle alimente lamentablement avec les saucissons maison ramenés de Dordogne, allongée sur son canapé.

Le week-end, elle veut tout de même s'évader et elle accompagne son mari et son beau-père à la pêche.

Elle emporte des livres, mais s'ennuie comme un rat mort.

À chaque fois, ils reviennent bredouilles en maugréant : « vent du Nord, poisson dort »… Tous les week-ends, ils changent de coin, mais le vent du Nord les poursuit, encore et encore…

Un soir, ils rentrent en catastrophe, ma maîtresse ayant ses contractions.

Beau-papa en chronomètre la cadence avec sa montre.

Arrêt à la clinique Bordeaux Nord : il faut revenir demain.

Le lendemain, plus rien.

Une nouvelle alerte quelques jours plus tard et de nouveau la clinique. Décidément, cet enfant est bien dans le ventre de sa mère et ne veut pas en bouger, ou fait juste semblant. Il va falloir faire une césarienne : Maîtresse est soulagée, au moins elle ne souffrira pas.

Le jour J arrive, ses parents sont même venus à Bordeaux pour voir leur premier petit-fils ou petite-fille.

Maîtresse racontera souvent que c'est ce jour-là qu'elle a vu la lumière en haut du tunnel.

Elle a entendu l'infirmière dire : « Elle part, elle part ! » Et soudain, cette sensation étrange dont beaucoup parlent de s'élever dans ce tunnel noir et étroit, avec une lumière vive au bout. Et aussi soudainement, le retour vers la terre, violent, incontrôlable ! Sûrement le moment où on lui a mis le masque à oxygène sur le visage.

C'est une sensation étrange qu'elle pense avoir revécue au Futuroscope de Poitiers, lors de la simulation de l'atterrissage d'une fusée…

Quelle émotion ensuite de voir ce petit être qui est sorti de son ventre sans aucune ride, la césarienne n'ayant rien abîmé de son corps tout en rondeur. Edward est aux anges ! Il lui a compté les doigts des mains et des pieds et bien sûr trouve que c'est le plus beau bébé du monde et elle s'appellera Delphine.

Lorsqu'il travaille la nuit, il la garde le jour et lorsqu'il divorce pour partir avec Annie, elle s'accroche à lui comme un petit animal.

Delphine et ses filles

On peut grandir, on peut même vieillir, mais pour sa maman on est toujours un petit enfant.

Jean Castaldi

Delphine grandit plus raisonnable que sa mère et voulait devenir très vite infirmière.

La réussite au concours d'entrée de l'école d'infirmière la fera partir à Paris à l'âge de 19 ans afin de se préparer à son futur métier.

Professionnelle, perfectionniste, ayant beaucoup d'empathie, Maîtresse savait que sa fille serait une parfaite infirmière.

A-t-elle été une bonne mère pour elle ?

Lorsqu'elle la regarde, elle n'a pas l'impression de l'avoir vu grandir, le temps a passé si vite…

De l'adolescence de sa fille, Maîtresse gardera le souvenir de quelqu'un de têtu qui l'aura toujours eu à l'usure : ses premiers amours, ses escapades et sa première pilule, sont maintenant sujets à rigolades et elle se rend compte, amusée que Delphine vit la même chose avec ses deux filles.

Quant à ses premières cigarettes, elle était très jeune. Entraînée par les deux garçons de sa nounou, ceux-ci l'emmenaient, selon un code entre eux bien particulier, pour fumer en douce. En rentrant, tous trois mangeaient des cornichons et de la moutarde afin que personne ne sente l'odeur de la cigarette.

Lauriane est l'aînée de ses petites filles et porte depuis toujours un sourire et une douceur innés. Danseuse dans l'âme depuis sa petite enfance, elle avait réussi avec succès l'entrée au conservatoire de Bordeaux. Mais des maux de ventre terribles, qui la conduisaient parfois aux urgences, l'obligèrent à consulter un médecin et faire des examens approfondis. Lauriane a une endométriose qu'on soigne à coup d'hormones sans cesse renouvelées, car les douleurs sont toujours aussi handicapantes, l'obligeant à arrêter la danse.

Avec courage, elle affronte ces douleurs récurrentes et la modification de son corps. Sa sœur la qualifie de « petite mère », car elle est très protectrice avec elle, allant même jusqu'à la localiser lorsqu'elle rentre tard et que son portable sonne dans le vide.

Depuis longtemps, elle rêve de voyages et va être hôtesse de l'air : on l'imagine très bien dans son uniforme, aux petits soins et toujours souriante avec ses passagers, optimisant ses qualités d'écoute afin de leur assurer un confortable et sécurisant voyage.

Quant à Carla, la cadette, c'est complètement autre chose : elle est l'électron libre de la famille !

Au volant de son scooter blanc, toujours habillée comme une star, elle sillonne les rues de La Teste et d'Arcachon pour retrouver ses copains et ses copines.

Elle a du répondant et la famille lui dit qu'elle devrait être avocate.

Mais non, elle va partir pour 3 ans dans une école privée de stylisme à Bordeaux, car elle veut devenir créatrice de mode et veut avoir sa propre marque de vêtements !

Elle est sûre d'elle : elle aura un nom dans la mode ! Elle s'appellera « Carla Baranowska » !

Parce que « Baranowska » c'était le nom de famille de son arrière-grand-mère, la maman de Papi Dodo.

Elle était polonaise et Carla trouve que ça « sonne bien » !

Maîtresse partage beaucoup de choses avec ses deux petites filles et elles ont très peu de secrets pour elle, n'hésitant pas parfois à lui demander des conseils ou à lui confier leurs peines de cœur.

Elles se remémorent parfois leurs souvenirs d'enfance avec elle et le bol de lait chaud au miel qu'elle leur portait au lit, dernière douceur avant leur sommeil, quand le livre d'histoires était terminé.

Carla lui raconte encore combien elle garde en mémoire un soir, où en vacances en Dordogne et prise de vomissements, elle l'a emmenée dans le jardin et elles se sont couchées toutes les deux sur une couverture afin de contempler le ciel étoilé de cette belle nuit d'été en cherchant la Grande Ourse, cet ensemble d'étoiles ressemblant à une casserole.

Elles avaient écouté le hululement des chouettes et regardé les vers luisants où Maîtresse lui expliquait que c'était la femelle qui était éclairée pour attirer ses fiancés, jonchant le sol de minuscules lanternes dans la nuit…

Maîtresse leur a souvent dit que l'adolescence était un tsunami et qu'il n'y avait rien d'anormal à avoir des boutons sur le visage, des sautes d'humeur et se sentir frustré ou mal aimé, trouvant extraordinaire de pouvoir en parler aussi librement avec elles.

Quel cheminement depuis son adolescence à elle !

Et puis Maîtresse parla à Gérald des années 75 où il y avait beaucoup de travail à l'époque.

Nouveau travail

C'est par le travail que la femme a en grande partie franchi la distance qui la séparait du mâle ; c'est le travail qui peut seul lui garantir une liberté concrète.

Simone de Beauvoir

Maîtresse voulut changer de travail, car elle recevait son salaire de plus en plus tard.

Sans avoir à se déplacer, l'ANPE lui communiqua par téléphone le nom et l'adresse de son futur employeur où elle resta seize ans.

Seize ans dans le métier du transport, à organiser les tournées des 38 tonnes en France et en Europe, pour une entreprise familiale de la région Rhône alpes : 80 camions sillonnaient allègrement les routes et selon leurs destinations, étaient pris en compte par les agences de Bordeaux, La Rochelle, Paris, Strasbourg, Marseille ou Toulouse.

Leurs arrivées étaient annoncées chaque soir par télex, cette machine archaïque qui faisait un bruit d'enfer lorsqu'elle se mettait en route.

À ce moment-là, on ne parlait pas encore du temps de conduite à respecter et les pauvres chauffeurs étaient souvent mis à rude épreuve. Maîtresse savait que les bonnes relations qu'elle entretenait avec eux lui permettaient de leur faire accepter, sans rechigner, qu'il faille livrer parfois dans l'urgence, c'est-à-dire en dormant très peu ou pas du tout, un chargement de bois pris dans les landes, jusqu'en Hollande.

Comme il y avait d'autres bureaux de transports dans l'immeuble, ils se retrouvaient tous entre collègues le samedi matin et commençaient la matinée par un super casse-croûte.

Il n'y avait pas encore d'informatique à cette époque et il fallait calculer la rentabilité de chaque véhicule et faire la facturation à la main.

Parfois, le soir à la débauche, quand une journée avait été bien remplie et qu'ils voulaient le fêter, ils partaient entre collègues de bureau jusqu'à Arcachon, allaient manger un plateau de fruits de mer chez Yvette et rentraient pour reprendre leur travail le lendemain matin.

Tout semblait plus facile à ce moment-là, ils étaient jeunes, il y avait du travail, pouvaient dormir peu, et n'avaient pas l'angoisse du lendemain.

Le mercredi après-midi, elle menait sa fille à son bureau qui y retrouvait également les deux filles d'une collègue.

Les trois petites fermées dans le local du télex meublaient le temps en jouant avec leurs poupées, jusqu'à ce que leurs mères débauchent.

Et c'est grâce à ce nouveau travail qu'elle rencontra un jour, celle qui fut sa meilleure amie pendant des années.

C'était l'épouse de son Chef de bureau, Pierre, qui pratiquait le tennis tous les midis et dont les chaussettes et la serviette de toilette séchaient chaque jour sur la fenêtre, au premier étage du bureau. Maîtresse allait courir également avec sa collègue et bien souvent, son chef, cherchant un stylo ou une gomme dans son tiroir, y trouvait un slip ou un soutien-gorge de rechange.

Un jour que Pierre l'avait invité chez lui, elle fit la rencontre de son épouse et elles partirent faire les magasins ensemble, leur amitié instantanée faisant le bonheur de son chef.

Elle s'appelait Mariannick.

Mariannick

L'amitié est une fleur que le vent couche, et trop souvent déracine.

Mariannick était une jolie jeune femme brune, coquette et pleine de vie.

Maîtresse la revoie toujours dans une belle robe jaune et blanche, dansant et chantant dans la lumière du soleil, ses longs cheveux bruns au vent.

Elle avait pour habitude, chaque début de saisons, son mari l'y entraînant, d'aller acheter des vêtements dans les meilleures boutiques de Bordeaux, Place des Grands Hommes ou rue Sainte-Catherine.

Elle faisait alors ses essayages pendant qu'il s'asseyait à côté pour la conseiller dans ses choix, très fier de cette belle femme.

Un week-end, Maîtresse les invita même en Dordogne :

La rencontre avec sa famille terrienne si chaleureuse procura à son amie beaucoup de bonheur et lui donna un souffle nouveau pour la mise en page de ses nouvelles écrites avec sa petite machine Olivetti, face à la baie qui donnait sur la Cathédrale de la place Pey Berland.

Un jour, elle fit cadeau de ses nouvelles à ma maîtresse, en attente de les faire éditer.

Depuis chez elle, elle pouvait voir le travail des ouvriers qui s'activaient autour de la Cathédrale et avec qui elle allait échanger quelques paroles encourageantes, toujours avides d'histoires sortant de l'ordinaire.

De même, au grand désespoir de son époux, la brave dame portugaise employée pour le ménage, lui servait bien plus de dame de compagnie et lui racontait sa vie au Portugal et son arrivée en France en prenant le thé jusqu'à l'heure du départ.

Maîtresse a le souvenir d'une invitation, un soir, avec Daniel, son frère, et Françoise son épouse, qu'elle appréciait beaucoup pour leur générosité d'âme et leur authenticité.

Lorsqu'ils étaient arrivés pour dîner, rien n'était préparé, sauf une chanson qu'elle avait écrite dans la nuit et dont une vieille guitare accompagnait la poésie.

Inutile de décrire la déception de son cher époux, car le repas autour de la table du salon avait commencé, et s'était terminé, avec les boîtes de pâté et le saucisson « maison » ramenés de Dordogne par Françoise et Daniel.

Ce fut toutefois une soirée mémorable, dont ils se sont souvenus longtemps, parce qu'elle était particulièrement heureuse ce soir-là et qu'elle avait passé ensuite une très bonne nuit.

Sa dépression commença quelque temps après, à ses 40 ans, lorsqu'elle réalisa qu'elle n'avait pas eu d'enfant. Elle entama alors une analyse.

Professeur de lettres, elle ne parlait que de sa maman et de son frère dont l'homosexualité était à l'époque vécue encore comme une maladie.

De son père, elle n'en parlait jamais, sauf à travers quelques lignes. Il était juste effleuré le comportement d'un père incestueux qui avait obligé sa mère à le quitter afin de l'en protéger.

Mais ses nuits sans sommeil, son état de grande fatigue et sa dépression devenant de plus en plus inquiétante obligèrent son médecin à la faire hospitaliser dans une clinique spécialisée.

Et le pire arriva…

Quand, un soir de novembre, il pleut et il vente…

Quand, son mari vient la voir le dimanche soir et rentre chez lui à Bordeaux…

Quand, la clinique de soins où elle est placée pour sa dépression téléphone, car la veilleuse de nuit ne la voit pas dans sa chambre…

Quand, Pierre téléphone à ma maîtresse pour lui dire qu'elle a disparu…

Quand, les jours et les semaines passent, interminables, sans aucune nouvelle…

Quand, entre midi et deux, elle fait le tour des gravières avec Pierre entre la route de Bordeaux et d'Arcachon…

Quand, chaque fois qu'un noyé n'est pas identifié dans la Garonne, on téléphone au bureau et qu'elle passe la communication à Pierre pour qu'il se rende à la morgue à toute vitesse, le cœur battant à tout rompre…

Et quand, six mois plus tard, on constate avec effroi que c'est bien elle, reconnaissable au pendentif qu'ils avaient choisi ensemble pour son anniversaire.

C'est l'horreur ! Le chagrin est indescriptible et les questions sans réponse ont fusé.

Comment est-elle arrivée jusqu'à la Garonne ?

A-t-elle fait du stop provocant une mauvaise rencontre, le soir en pleine nuit, sous le vent et la pluie ?

À l'époque, pas d'autopsie… Le suicide était si évident !

Mariannick emporta son secret pour toujours.

Encore une fois, elle revit le questionnement que fait poser le suicide et se remémore l'histoire de leur si forte amitié. Elle qui lui écrivait : « Tu es ma sœur. »

Il n'y aura plus jamais de fous rires et d'échanges pendant des heures et des heures, lui permettant pour la première fois d'ouvrir son cœur à cette amie qui écrivait ses nouvelles sur sa petite Olivetti.

Combien de fois une détonation les surprenait et c'était pour voir que les œufs placés dans la casserole pour les faire bouillir, finissaient collés au plafond, après avoir explosé, leur faisant réaliser que cela faisait plus de deux heures qu'elles parlaient et que la nuit les surprenait.

Ma maîtresse est si triste que Gérald n'a pas osé l'interrompre, car ses pensées sont maintenant envahies par le décès de mémé Odette.

Était-ce avant ou après Mariannick ?

Sur le moment, elle ne sait plus, mais elle habitait toujours Saint-Sulpice et Cameyrac et c'était le week-end.

Mémé Odette

Mémé Odette... Comment savoir si tu es heureuse maintenant ?

Il y avait aussi du vent et Maîtresse écoutait le requiem de Mozart à s'en faire exploser les tympans, comme elle aimait le faire très souvent.

Le téléphone avait sonné plusieurs fois dans le vide.

Daniel, son frère, avait réussi tout de même à la joindre et lui avait dit de venir vite : « Mémé est morte ! elle s'est noyée dans la mare aux canards, papa n'a pas pu la sauver. »

Morte de douleur et d'inquiétude, elle partit sur le champ en Dordogne.

Les feuilles qui tombaient, la pluie, le vent, l'hiver qui arrivait à petits pas, la nature qui s'endormait, n'avaient pas aidé mémé Odette à surmonter ses démons enfouis qui ne demandaient qu'à ressurgir...

Elle est rentrée dans la mare, là où petits ils contemplaient en riant les canards, là où elle devait surveiller son frère et sa sœur pour éviter qu'ils y tombent...

Papa Nénou a vu son corps dans l'eau et a sauté pour la ramener sur la rive.

Il lui a fait du bouche-à-bouche, mais n'a pu la sauver.

Maman Reine a dit plus tard à Maîtresse que le soir dans le lit il lui avait dit : « Le prochain, ce sera peut-être moi. »

En rentrant du cimetière, elle tient pépé par la main et il lui dit : « Elle t'aimait bien, tu sais… »

Et ma maîtresse se rappelle alors son visage tout blanc et le regard si triste qu'elle lui avait jeté à table, le week-end d'avant.

Gérald me prend alors dans ses bras et me porte à Maîtresse afin qu'elle caresse mes longs poils, si doux comme un doudou, et que s'apaise sa tristesse.

Et je me laisse faire, car c'est un grand moment de douceur que je partage avec elle avant qu'elle ne m'emporte, près d'elle, dans le lit.

Avant la retraite

Ma maîtresse était revenue de Bordeaux et avait trouvé du travail à Bergerac pour vivre auprès de ses parents, dans cette maison qu'elle aimait tant.

En revenant vivre dans son village natal, elle perdit la mémoire du bruit de la ville, de la circulation, des klaxons, de la pollution et le jardin lui offrit de nouveau les parfums dont elle avait oublié l'odeur.

Mais comme la suite de son histoire était triste, elle voulut terminer avec un peu de douceur et lui compta son dernier travail à Bergerac et les quelques aventures qui lui étaient arrivées avant sa retraite.

Gérante de tutelle auprès du Tribunal de Bergerac, elle arrêta cette activité après trois ans de bons et loyaux services.

En effet, il était devenu obligatoire de suivre une formation de mandataire judiciaire à la protection des majeurs, à l'issue de laquelle il fallait obtenir un certificat national de compétences.

La formation étant onéreuse, elle préféra chercher un autre travail et trouva un poste à Bergerac au sein d'un office de HLM afin de gérer les impayés de loyers.

« Certaines personnes passent dans notre vie pour nous apprendre à ne pas être comme elles… »

Du premier mois de loyer impayé jusqu'à la procédure d'expulsion, il fallait se rendre régulièrement chez les locataires afin de trouver des solutions de régularisation à l'amiable, sa Société n'ayant pas pour vocation de mettre les gens dehors.

Un jour, dans une famille, on lui dit qu'il n'y avait pas d'argent et aucune possibilité de règlement. Elle demanda alors de rentrer afin de faire un point précis de la situation. Conduite dans le séjour décoré à la marocaine, elle s'installa dans un grand canapé d'angle, posa son sac et sortit son stylo et son calepin de son attaché-case : et là, surprise ! Les coussins sous son poids s'écartèrent et des billets apparurent…

Et la voilà qui s'exclama : « Mais si ! Mais si ! Il y a de l'argent… là ! »

Toute contente, elle revint à son bureau, fière de raconter son aventure.

Une autre fois, ce fut moins glorieux et elle le raconte parfois lorsqu'elle a bu un verre de trop.

Une famille avait été sauvée de l'expulsion avec l'aide des assistantes sociales, du Conseil Général, etc. Pourtant, quelle ne fut pas sa surprise quelques mois plus tard de voir, dans le tableau informatisé qu'elle gérait, qu'un premier mois de loyer était de nouveau impayé.

Après tant d'efforts de toutes parts, elle ne pouvait pas comprendre ! Et la voilà repartie sur le terrain, son petit attaché-case à la main, véritable Zorro combattant l'injustice.

Elle frappa énergiquement à la porte de la maison et, à cette brave dame qui la fit entrer et qu'elle connaissait bien maintenant, elle dit :

« Ça ne va pas du tout ! Ça ne va pas du tout ! Que se passe-t-il ? Votre loyer est revenu impayé ! »

Posant son attaché-case sur la table, elle eut le temps de voir que Madame était en plein ménage et qu'elle avait retourné les hautes chaises « style basque » sur la table.

Elle descendit trop vite une chaise de la table et s'assit…

Hélas ! Il n'y avait pas l'assise et ses fesses s'enfoncèrent dans le vide !

Difficile de s'en sortir… c'est le cas de le dire !

Une autre fois, le locataire qui la reçoit dans son studio est tellement ivre qu'il est couché sur le lit. Elle s'assied tout de même et essaie de lui faire comprendre le motif de sa venue, mais il n'y a rien à faire et elle doit se résoudre à partir.

Arrivée chez les locataires suivants, elle réalise avec stupeur qu'elle a oublié sa petite mallette qui contenait des espèces.

Elle revient vite sur ses pas, frappe et ouvre la porte, le Monsieur étant toujours sur son lit, moitié endormi. Hélas, elle ne voit rien au pied du lit, juste l'armoire en face qui retient son attention. Elle ose l'improbable, ouvre l'armoire, et… y retrouve la mallette avec l'argent dedans !

Gérald rigole et ils continuent leur chemin.

« Au malade, le miel est amer »
(Sénèque)

En effet, le ciel allait de nouveau s'assombrir.

Un jour, rentrant d'une consultation, son père annonça qu'il avait un cancer de la prostate et qu'il fallait l'opérer, faire de la chimio et tout le protocole qui s'ensuit.

Le coup fut rude pour cet homme qui voulait paraître fort aux yeux de ses enfants, passant du choc au déni et de la réflexion à l'acceptation.

Ma maîtresse était effondrée.

Tous les soirs, elle allait retrouver ses parents, partageant avec eux une tisane de tilleul, pensant que ses vertus apaisantes leur permettraient de passer une bonne nuit.

Après les séances de chimiothérapie et l'avancée de la maladie, il y eut l'hospitalisation à domicile : depuis son lit médicalisé il pouvait échanger avec tous ceux qui venaient lui rendre visite et, surtout sa belle-sœur Tatie Renée, l'épouse de son Frère décédé.

Avec elle, il partageait l'amour des livres, leurs souvenirs de jeunesse et leurs rêves brisés d'une autre vie qu'ils auraient pu avoir.

La mort planait au-dessus de son lit en déployant ses grandes ailes et pourtant il fallait faire semblant que tout allait bien, pour lui, pour soi, pour tenir le coup, pour ne pas pleurer devant lui… il fallait continuer à vivre…

Puis, il y eut les séjours à l'hôpital, où avant d'aller travailler Maîtresse passait chaque matin, pour lui faire un petit coucou.

Même si c'était tôt, les infirmières la laissaient passer et son père lui disait qu'il l'entendait arriver, loin dans le couloir, avec ses chaussures à talons.

Un matin, devant la machine à café à son travail, elle était si triste que son patron lui demanda ce qu'elle avait : « Papa va mourir », lui dit-elle.

Il sortit alors le gobelet de la machine et le lui donna en lui posant une main réconfortante sur l'épaule.

Et puis, un soir, elle dut partir rapidement de son travail : c'était la fin.

Elle rentra vite pour pouvoir l'embrasser encore une fois.

Son papa s'endormit au milieu des siens et on arrêta la pendule à l'heure de sa mort.

La peine de ma maîtresse fut immense, car elle s'était vraiment rapprochée de ce père absent affectivement pendant son enfance et son adolescence…

Elle l'avait compris très tard et lui avait pardonné, pensant que peut-être sa vérité était embrouillée par le temps qui avait passé et par la façon dont chacun vit sa propre expérience…

Et puis qu'est-ce qui peut pousser un homme à ne pas montrer, ou à peu montrer ses sentiments, si ce n'est son éducation ? Elle le plaignait même !

Elle avait compris tant de choses de lui.

Des années après tous les tabous étaient tombés, comme s'il avait suffi de grandir pour s'en débarrasser et tout était devenu normal.

Souvent, le dimanche soir, il l'appelait afin qu'elle vienne écouter avec lui un concert de musique classique sur Arte pendant que sa maman cuisinait à côté.

Pendant quelques soirs, elle alla donc dormir avec maman Reine surnommée « Maminou », car il avait dit : « Je vais partir, mais elle va avoir besoin de vous. »

Effectivement, il fallut la rassurer en l'entourant du mieux possible afin de combler le vide laissé par son cher époux avec qui elle partait danser, le samedi soir, avant qu'il soit malade.

Alzheimer et Maminou

Dans la fratrie, personne ne voyait les choses de la même manière : Josette, infirmière en psychiatrie, avait vu depuis longtemps les prémices de la maladie qui pointait son nez… Papa Nénou avait bien dit qu'une fois, elle avait mis de la confiture dans la soupe !

On entend dire aussi qu'un choc émotionnel peut aggraver la maladie.

Maîtresse passait tous les matins avant d'aller travailler pour voir si elle avait bien dormi et si elle avait pris son déjeuner.

Et un matin, le petit chien noir, celui que papa avait récupéré, abandonné dans un rang de vigne, celui qu'il avait voulu mener à la SPA, mais avait renoncé à le faire, car Maîtresse lui avait demandé s'il pourrait se regarder après dans une glace… le petit chien noir avait un bol de café… et regardait piteusement Maîtresse…

Oui, il fallait se rendre à l'évidence : la maladie d'Alzheimer était bien là et elle gagnait du terrain… Comment éviter qu'elle ne fasse de bêtises plus graves en allumant le gaz ou en se blessant ?

Dire que sa maman s'était occupée de tout le monde.

Elle avait gardé chez elle et jusqu'à leur mort, ses beaux-parents, ses parents, et maintenant c'était à son tour de baisser les bras, par la force des choses.

La maison avait toujours été ouverte à tout le monde et elle pouvait préparer un repas au dernier moment afin de recevoir des amis ou des voisins venus sans s'annoncer, toujours avec le sourire et la bonne humeur qui la définissaient si bien.

Josette voulait la placer en maison de retraite, mais Daniel et Maîtresse ne pouvaient s'y résoudre, y voyant un abandon.

De plus, il n'y avait pas de place et Maîtresse décida donc de la prendre chez elle afin de pouvoir la surveiller la nuit.

Viviane et Robert, les voisins, proposèrent de la garder chez eux la journée, pendant que Maîtresse partait travailler.

Les enfants sollicitèrent alors le S.I.A.S. d'Issigeac (syndicat intercommunal d'action sociale) et ce fut Véronique habitant le village et belle fille du Maire qui fut chargée de la toilette et du petit déjeuner de leur maman chaque matin.

Empathie, perspicacité, humour, qualités premières des aidants : Viviane et Véronique avaient tout ça.

Dès qu'elle était prête, Véronique l'accompagnait chez Viviane qui mettait tout en œuvre avec Robert pour qu'elle passe une bonne journée.

Opérée de la cataracte, elle se plaçait devant la fenêtre, face à l'église du village, et regardait de nouveau avec bonheur les innombrables pigeons qui se posaient sur les toits voisins.

Dès qu'un nuage apparaissait, il fallait inventer un jeu, une chanson… Combien de fois se sont-ils jeté des coussins à la tête, la faisant rire comme l'enfant qu'elle était devenue ?

Viviane avait acheté de vieux CD de chansons anciennes et Mamie Reine aimait particulièrement Berthe Sylva chantant « Les roses blanches ».

Au son de la ritournelle, Viviane l'entraînait en chantant avec elle, dans une valse un peu folle qui la faisait rire et oublier pour quelques instants qu'elle était devenue une poupée de chiffons qu'on habille et déshabille, et que l'on fait danser à bout de bras.

Et puis, il y eut l'incontinence à gérer et même si Maîtresse avait adopté une attitude toute naturelle maman Reine avait encore des moments de lucidité où sa pudeur et sa dignité étaient mises à rude épreuve, disant qu'elle préférait mourir plutôt que d'avoir cela à subir.

Josette pouvait la prendre le dimanche.

À la retraite, elle avait posé ses valises avec Jean Louis son époux, dans l'ancienne maison de pépé et de mémé de Bardou et l'avait transformée en maison d'hôtes : dans cette magnifique maison où Maminou avait passé une partie de son enfance, elle ne trouvait plus sa place.

Toutefois, pendant un peu plus d'un an, ils purent la garder tout de même à domicile.

La nuit, Maîtresse se levait pour voir si tout allait bien, jusqu'au moment où elle ne la vit pas dans son lit. Elle traversa alors le séjour et la cuisine, affolée : devant la porte, sa voiture était stationnée et sa maman était assise dedans, au volant ! Depuis combien de temps était-elle là ?

Il fallait se rendre à l'évidence, cela pouvait être dangereux maintenant.

Mais la maison de retraite sollicitée n'avait toujours pas de place disponible en unité protégée et Maîtresse était très fatiguée et inquiète chaque nuit. Le médecin qu'elle consulta lui dit qu'elle ne tiendrait pas le coup, à dormir si peu ou si mal.

Toutefois, quinze jours après, une place se libéra miraculeusement et les enfants accompagnèrent leur maman, le cœur déchiré, à la maison de retraite.

Quand la porte de l'unité protégée s'était refermée sur elle, ils avaient vu ses yeux verts remplis d'inquiétude et d'incompréhension et un terrible sentiment d'abandon les avait assaillis.

Ils allaient tous régulièrement la voir et Maîtresse proposa à Gérald de l'accompagner voir sa maman le lendemain.

Foxy

Puis, il y eut cette histoire comptée et racontée maintes fois, arrivée avant mon adoption et qui me fait à chaque fois, hérisser le poil d'horreur.

Afin de ne pas déranger Viviane et parce qu'elle ne savait pas combien de temps elle resterait à Arcachon, ma maîtresse décida d'emmener la minette Foxy avec elle.

Comme Foxy n'était pratiquement jamais montée en voiture, ou si peu, Maîtresse alla chez le vétérinaire acheter des médicaments pour le stress et les lui fit avaler, avant de partir, avec beaucoup de difficultés.

Dans sa cage, ce fut horrible. Elle sauta partout, se débattit comme un lion et miaula sans arrêt. Trois heures trente d'embouteillage en passant par Bordeaux un vendredi soir…

C'était de la folie… elle aurait dû partir le lendemain aux aurores puisque c'est une lève tôt. Mais que faire ? Elle aussi s'agaçait, mais il était trop tard pour faire demi-tour. Le trajet terminé, elle put lâcher mimine qui se sentit rassurée sur la terre ferme et prit rapidement quelques marques dans la maison d'Arcachon.

Le vendredi soir, à l'heure où tout le monde débauche, Maîtresse reprit de nouveau sa petite voiture deux portes, le chat à l'arrière dans sa cage et quitta Arcachon pour repartir en Dordogne.

Et là, tout recommença : le chat qui devenait fou, les voitures à l'arrêt, le bouchon qui ne cessait de s'agrandir.

Elle téléphona à Gérald qui lui dit : « au troisième rond-point, ça ira mieux ! » Effectivement ! les fenêtres ouvertes, elle souffla un peu évacuant son stress. La voie rapide se dégagea et, allègrement, la petite voiture reprit une vitesse de croisière. Soudain, une camionnette la dépassa, une dame au volant lui faisant signe de la main de se mettre sur le bas-côté.

Le temps de réagir, elle pensa qu'elle avait dû crever et s'arrêta inconsciente du danger, sur le bord de la voie rapide, ignorant les klaxons et les voitures qui la frôlaient.

En faisant le tour de son véhicule, elle ne vit rien d'anormal.

Puis, soudain, elle regarda par le hublot arrière et vit avec horreur la caisse du chat ouverte.

Ce n'était pas possible où était passé ce chat ? Il avait dû se cacher sous les sièges…

Mais il fallut qu'elle se rende à cette terrible évidence : le chat avait dû sauter de la voiture pendant qu'elle était à l'arrêt, l'ouverture des vitres d'un véhicule deux portes débordant sur l'arrière.

Elle remonta alors en voiture, tremblant de tous ses membres et s'arrêta au premier poste de secours afin de joindre sa fille qui lui dit : « Il n'y a qu'à toi à qui il peut arriver des choses pareilles ! »…

Elle appela Gérald qui lui demanda : « Tu n'as pas voulu la perdre, par hasard ? »

Ce fut un grand moment de solitude.

Elle décida donc de faire un aller-retour en sortant à Biganos à deux kilomètres et revint sur ses pas, en sens inverse, pour voir si le chat ne s'était pas fait écraser.

Soulagement ! Il avait dû aller dans les pare-feu, là derrière, et elle allait le retrouver.

Elle refit donc un nouveau tour sur la voie rapide, sortit au Teich et s'engagea sur les chemins ensablés. Soudain, au loin, sur un monticule, une petite forme ronde :

— La voilà ! Elle descendit de voiture et courut pour trouver… une boule de terre couverte de verdure…

La déception fut si grande, qu'elle se demanda si elle n'allait pas rester dormir sur place dans sa voiture.

Mais après avoir appelé Foxy dans les petits chemins autour, être allée au village le signaler à quelques personnes rencontrées, elle reprit la route de la Dordogne, le cœur brisé et alla compter sa mésaventure à Robert et Viviane, navrés eux aussi.

Un message sur Facebook fit réagir Anaïs, sa nièce, la fille de son frère, qui lui proposa gentiment de faire, avec son compagnon Sylvain, des tracts afin de les placarder dans les petits hameaux proches.

C'est un petit message d'espoir qui lui fait envoyer une photo et tous deux se mettent en chantier pour aider cette tante rigolote, pour qui, décidément, rien n'est simple, attirant si souvent des aventures qui n'arrivent pas aux autres.

Maîtresse repartit donc pour le bassin d'Arcachon, récupéra ses deux petites filles au passage à Salles et les voilà parties poser les tracts, sûres qu'elles allaient retrouver leur ancienne chatte.

Hélas ! mis à part une dame qui leur dit qu'un chat gris était venu dans son jardin pour s'enfuir dès qu'il l'avait vue et l'appel d'un vieux monsieur qui avait trouvé un chat mort, il fallut se résoudre à accepter l'idée que personne ne reverrait Foxy.

Leur seule consolation fut de savoir que ce chat était chasseur, d'où son nom qui veut dire « renard ».

Sûrement, qu'après s'être remis « du saut en parachute de la voiture », comme aime le raconter Gérald, il avait dû trouver une autre famille dans les pins, préférant peut-être, lui aussi, l'air iodé du bassin d'Arcachon.

Si l'histoire du Minou a été comptée maintes fois par Gérald, c'est qu'il a voulu montrer à ses amis, oh combien sa nouvelle compagne n'était pas comme les autres !

Mais moi, Bambou, il va tout de même falloir que je fasse attention, cette histoire de chat me perturbe beaucoup !

À Saint-Léon-d'Issigeac

Dans le village, il y a des caractères et des personnalités différentes.

Il faut parfois apprendre à bien connaître un individu avant de le cataloguer, en l'enfermant dans une boîte avec une étiquette dessus.

Robert est un de ceux-ci.

Râleur, bougon, ne cachant jamais ses idées… Mais un grand cœur toujours prêt à rendre service.

Robert était venu vivre dans ce village de Saint-Léon à l'âge de 15 ans avec ses parents et était parti faire sa vie à Paris dans les Postes, rentrant régulièrement dans sa famille.

Chantal était native du village de Saint-Léon où son papa Georges avait pris la succession de pépé René, en tant que Maire du Village, jusqu'à ce qu'un cancer le frappe dans la force de l'âge.

Lorsque Robert épousa Chantal, leur différence d'âge de 16 ans fit un peu grincer les dents des parents de Chantal, mais contrairement à beaucoup, leur union fut pérenne et ils eurent deux garçons.

À Paris, Robert était télégraphiste et parcourait à vélo les rues du 14e arrondissement, le quartier de Montparnasse, en faisant de belles rencontres, comme le père de J P Belmondo qui y avait son atelier, ainsi que J. Paul Sartre et Simone de Beauvoir. Il se souvient également des innombrables partitions qui recouvraient la table de Georges Brassens, envoyées par des compositeurs et des chanteurs et une maison remplie de chats, dans l'impasse où il habitait.

Quant à Régine « la Reine de la Nuit », dès 7 heures du matin, à son Club le New Jimmy's, elle lui disait de sa voix rocailleuse : « P'tit télé viens boire une coupe de champagne ! »

Après avoir passé une grande partie de leur vie à Paris et ensuite au Pays basque, où Chantal était Directrice adjointe d'un village de vacances et Robert Économe, ils revinrent également poser leurs valises à Saint-Léon.

Chantal avait un frère aîné, Didier, qui vivait sur la ferme, dans le village, avec son épouse Béatrice. Maîtresse le côtoya beaucoup à la fin de sa vie, car atteint lui aussi d'un cancer, elle essayait grâce à son magnétisme, de lui soulager les brûlures dues à sa chimiothérapie.

Elle se rappelle leurs fous rires lorsque, le jour de ses soixante ans, il était arrivé, avec, en guise de présent, un magnifique bouquet de poireaux bien verts fraîchement cueillis dans son jardin.

Ce don elle l'avait découvert le jour ou Lise la dernière fille de son Frère était arrivée chez elle avec une grosse brûlure à la main. Elle en avait été surprise et s'était souvenu qu'une magnétiseuse lui avait dit qu'elle avait un don dans les mains, sans aller plus loin.

Le lendemain matin, Maîtresse prit donc sa petite voiture et alla la voir à Sarlat afin d'en savoir un peu plus.

Celle-ci se mit à rire et lui confirma ce qu'elle avait dit : elle pourrait soigner les zonas, les brûlures, les maladies de peau et tout ce qui était inflammatoire.

Depuis, le bouche-à-oreille lui permet de soulager quelques douleurs et de faire de belles rencontres.

Parfois, il y a des ratages, comme avec Bernard, son voisin d'Arcachon. Elle a bien essayé de réduire ou d'enlever ses acouphènes qui le perturbaient depuis 30 ans, le privant du chant des oiseaux… Hélas, il n'entend toujours que le coassement des corbeaux !

Dernièrement, c'est Michèle l'épouse du Maire du village de Saint-Léon qui a eu un zona à l'œil et que ma maîtresse a soigné. Elle est revenue avec un beau poulet de ferme, tout prêt à être mis au four.

Le mari de Michèle, c'est Gérard et il est maire du village depuis bientôt 30 ans. Perché sur son vélo, il parcourt régulièrement les rues du village pour surveiller ses administrés et voir si tout est normal.

En allant à l'épicerie Chez René, elle rencontra alors Caroline, Shirley et Astrid.

Caroline et Shirley sont Anglaises, Astrid est hollandaise.

Si Astrid et Caroline habitent le village depuis quelques années déjà, Shirley est juste venue passer quelques jours de vacances avec son époux Allan dans la maison qu'ils ont achetée depuis dix-sept ans maintenant.

Elles partent marcher et proposent à ma maîtresse de les accompagner ce qu'elle accepte avec grand plaisir, car elle aime ces trois femmes joyeuses.

Sur la route, elles croisent Alan l'Australien qui revient de son footing habituel d'une dizaine de kilomètres et qui les salue sans s'arrêter, faisant attention à ne pas perdre sa cadence.

Grand, svelte, un air de gentleman farmer, il n'est pas étonnant que plus jeune il fût dans le mannequinat.

D'ailleurs, il n'a rien à envier à sa maman. À l'âge de 85 ans, elle avait posé avec sa petite fille pour une revue de mode anglaise, en costume pantalon et veste noirs, T-shirt et baskets blancs aux pieds, et une éternelle cigarette au bout de ses longs doigts, qu'elle fume l'une après l'autre, même lorsqu'elle est malade.

Alan est maintenant depuis 8 ans dans le village, ayant acheté l'ancienne épicerie familiale tenue par Olga et Robert, les parents de Paulo et de Pierre.

Cette épicerie avait appartenu à tonton Raoul et son épouse, un sacré bout de petite Femme prénommée Phélina, qui devint la troisième centenaire de Saint-Léon-d'Issigeac.

Il fait très beau ce matin-là, et Maîtresse est tout excitée par un bonheur soudain : elle annonce à ses amies de marche qu'elle va écrire et elles l'encouragent vivement à le faire.

Caroline lui dira plus tard qu'elle avait fait les trois quarts de la promenade en marche arrière, pour être face à elles, et leur faire partager son enthousiasme…

Voilà comment est ma maîtresse, se comparant à une abeille et disant souvent qu'elle butine le bonheur à droite ou à gauche.

Cultive ton bonheur pour le voir fleurir autour de toi.

Shady Bird

C'est vrai qu'elle saute partout, court chez l'un chez l'autre, peu de temps à chaque fois, car elle ne veut pas déranger, mais suffisamment pour savoir comment ils se portent et ce qu'ils deviennent quand elle n'est pas là.

Pas étonnant que Robert, le mari de Chantal, l'ait appelé depuis toujours « sautobou » : mot en patois qui veut dire « sauterelle » et qui vexait ma maîtresse, car elle croyait qu'il disait « saute au bout »… Mais au bout de quoi ?

Ces petits moments de partage, elle en a besoin pour se sentir heureuse : dès le matin, elle court prendre un café chez son frère et ensuite partager un thé avec Dominique et Kéven qui se lèvent, ces petits rituels suffisant à remplir sa journée de bonheur.

Elle rentre ensuite chez elle s'occuper de sa maison sans oublier de mettre à plein régime la musique qu'elle aime, de préférence classique, et qui force Gérald à s'échapper dans le jardin, tellement elle lui « casse les oreilles ».

Aujourd'hui, elle se met ensuite en cuisine, car elle a invité ses amies de marche et leurs époux, afin de connaître un peu mieux leur vie passée, trouvant qu'ils ont tous des histoires passionnantes qui sortent du commun.

Effectivement, les voilà tous arrivés et je m'installe confortablement sur le canapé, prête à écouter avec attention leurs histoires.

Ils se mettent donc à table en discutant du temps agréable de cette belle journée d'automne et Michel et Caroline commencent à conter leur vie.

Ils se sont rencontrés au Sénégal en 1976, dans le luxueux parc national de Niokolo-Koba, où Michel s'occupait du tourisme et gérait trois hôtels.

Il pilotait le seul avion privé qui ne pouvait transporter plus de huit touristes et deux à trois bagages à chaque fois.

Il décollait de Banjul en Gambie, ancienne colonie anglaise, seul moyen à l'époque depuis le Sud, de rejoindre rapidement et moins cher le Sénégal, en évitant ainsi de passer par Dakar. Caroline, anglaise, ayant fini son doctorat, venait dans cette réserve faire une étude pour continuer ses recherches sur les chimpanzés du Sénégal. Et, un jour, faisant de « l'avion-stop » en Gambie afin de retrouver une équipe de chercheurs, Michel eut par chance une place de libre à bord de son avion privé.

Il accepta donc de la prendre pour la déposer au Sénégal, dans le parc du Niokolo-Koba, sur une piste dans la brousse, au milieu de nulle part, avec comme seule ligne d'horizon, une termitière géante.

Plusieurs mois après, Caroline se retrouva en panne avec son équipe de jeunes chercheurs, une fois de plus, au milieu de nulle part.

Ils restèrent alors trois jours sur place, avec pour seul contact, deux à trois véhicules par jour qui s'arrêtaient avec, à chaque fois, quelqu'un de bonne intention qui donnait sa science en mettant le nez dans le moteur…

Toutefois, le véhicule ne démarrait toujours pas.

Caroline décida donc de faire porter une lettre à Michel pour lui expliquer la situation : Grand Seigneur, il arriva avec un camion qui remorqua le véhicule jusqu'à son hôtel afin de le mettre en réparation.

L'équipe profita alors allègrement sur place de tous les avantages et équipements de l'hôtel, en plongeant dans la piscine et en buvant des cocktails, pendant que Michel et Caroline faisaient plus amples connaissances.

Un peu plus tard, la vie les fit de nouveau se rencontrer et ils décidèrent de faire un bout de chemin ensemble.

Ils partirent donc au Gabon de 1980 jusqu'en l'an 2000, où ils furent engagés tous les deux, afin de recenser les gorilles et les chimpanzés vivant sur le territoire.

Au volant d'une Land Rover, où à pied avec des pisteurs, dormant dans des hamacs en forêt, ils suivirent pendant trois ans la piste des grands singes.

Ma maîtresse, subjuguée par leur histoire qui la fait rêver, apprend que les gorilles et les chimpanzés construisent chaque nuit un nid où ils dorment en tissant les branches des arbres, formant ainsi un confortable matelas. Ces structures qui ne duraient qu'un certain temps permettaient ainsi à Caroline et à Michel d'en estimer le nombre dans chaque zone du pays.

Caroline expliqua que ce recensement avait montré l'intérêt du Gabon pour les grands singes et l'importance de mieux les comprendre, dans leur milieu naturel.

Ils choisirent donc ensuite de se poser dans la réserve de La Lopé, au centre du Gabon, seul endroit protégé légalement, avec la présence de gardes des eaux et forêts.

Mais il n'y avait rien dans cette brousse et cela ne leur suffisait pas.

Il est drôle d'imaginer Michel, alors fringant jeune homme, cherchant et localisant une source afin d'y installer un campement et construire en 1984 un centre de recherches qui existe toujours, véritable station d'étude pour les gorilles et chimpanzés.

Au début, leur retraite a été ponctuée de petites missions qui les ont fait revenir tous deux en Afrique, mais ensuite ils ont posé définitivement leurs valises à Saint-Léon-d'Issigeac, dans l'ancienne boulangerie du village qu'ils ont achetée et rénovée.

Maîtresse veut maintenant savoir comment ils ont rencontré Astrid et Patrice qui habitent la maison juste à côté de chez eux, maison qu'elle a connue presque en ruine ou du moins en très mauvais état, lorsqu'elle était plus jeune.

Patrice et Astrid ont rencontré Caroline, la première fois en 1989, lors d'un cocktail organisé par l'ambassade des USA, dans un grand hôtel de Libreville.

Il faut dire qu'ils avaient entendu parler d'elle et de son compagnon Michel, car à l'époque ils n'étaient pas mariés.

Il courait des rumeurs les décrivant comme des sauvages, à la gâchette facile pour interdire la venue d'indésirables et ils imaginaient Caroline en Amazone et Michel en un croisement de Joe Dalton et de Crocodile Dundee !

Pourtant Caroline n'avait pas l'air d'être fana des mondanités et leur avoua n'être là que par pure obligation vis-à-vis des sponsors de la station.

Elle semblait même sympathique et pas si sauvage !

Par la suite, démarrant l'activité de leur agence de voyages, ils se rendirent disponibles à presque toute heure, sept jours sur sept, afin de répondre à tous les besoins.

L'équipe de la station, qui avait aussi des horaires difficiles, était devenue une cliente régulière et Michel se rendit souvent dans leur agence.

En 1993, quand a débuté le projet de l'Union Européenne de préservation des écosystèmes en Afrique Centrale « Ecofac », c'est la Lopé qui a été choisie pour le Gabon.

Michel en est devenu le chef de projet et a développé le volet tourisme, ce qui les a amenés à collaborer étroitement ensemble, et bien sûr, à nouer des relations amicales.

Un point d'orgue a été atteint, quand ils ont participé à la mise en place d'une rotation aérienne afin de desservir le parc et pallier les sérieuses difficultés d'accès, par piste ou par train. L'avion fut baptisé des prénoms d'Astrid, épouse de Patrice et de Nicole qui était l'épouse du propriétaire de l'hôtel de la Lopé. Ce beau projet commençait à bien fonctionner, quand, de la cime à l'abîme, l'avion s'est crashé à l'atterrissage à la Lopé, avec, oh horreur, toute l'équipe d'Ecofac à bord !

Heureusement, pas de mort ni de blessé, sauf l'avion dont la carcasse a longtemps hanté les lieux.

Oh, Astrid, la Hollandaise volante !

Et le rire d'Astrid s'égrène comme une musique, les rassemblant tous autour de cette table où mon Maître va sortir de l'armoire un vieil armagnac de pas d'âge et un bocal de pruneaux à l'eau de vie…

Maîtresse en profite pour dire à Shirley comment elle a regardé à deux fois la photo qu'elle lui avait envoyée sur WhatsApp, au moment du jubilé de la Reine d'Angleterre.

En effet, le montage photo était tellement bien fait qu'on avait l'impression que la Reine d'Angleterre était parmi eux à table.

Et Patrice, pour finir, leur narre alors en riant cette histoire vécue et qu'il appelle : « Akaka » le bien nommé.

À l'occasion de la visite au Gabon d'une riche Américaine qui sponsorisait les actions de conservations du WCS (Société pour la conservation de la vie sauvage), il lui avait été demandé de l'accompagner ainsi que ses sbires, dans le parc national du Loango où elle espérait voir les éléphants sur la plage, les hippopotames surfant sur les vagues et les gorilles et chimpanzés allongés sur des transats…

Leur parcours commençait par la visite de la mission Sainte-Anne, un endroit charmant où l'église métallique fabriquée par les ateliers de Gustave Eiffel avait été transportée sur place. Invités à dîner par le prêtre camerounais de la mission, ils avaient eu droit après le bénédicité à cette amusante histoire : Dieu avait deux fils, l'un travailleur et respectueux et l'autre indiscipliné et fainéant. Il leur dit d'aller se laver dans la rivière : le premier fils s'exécuta consciencieusement, tandis que le deuxième se contenta de marcher à quatre pattes au bord de l'eau…

« Et voilà le résultat ! » dit le prêtre en se levant et en montrant alors la paume blanche de ses mains en riant…

(En voilà un qui n'était pas raciste !)

Mais l'histoire ne s'arrêta pas là.

Au dîner, le mauvais choix de Patrice, préférant au poulet yassa le poulet nyembwé, lui déclencha, pour la nuit et les jours suivants, une gastro d'enfer !

Le lendemain, ils partirent donc au Loango et se retrouvèrent dans un campement du nom d'« Akaka », proche d'une forêt de papyrus où vivaient les éléphants. C'était un ami de Patrice et Astrid qui avait monté ce campement d'une dizaine de tentes.

Au beau milieu de la nuit, Patrice ressentit des chatouilles de plus en plus fréquentes et commença à se gratter. À la lampe de poche, voyant une épaisse colonne de magnans traversant le toit de sa tente, il se précipita chez son ami Jean-Pierre lui demandant un insecticide afin de se débarrasser de ces fourmis. Mais hélas, celui-ci lui dit que c'était inefficace en lui montrant la colonne de milliers de fourmis traversant le campement avec un sens inné de la rectiligne !

Pour se débarrasser d'elles, la seule solution fut d'aller se tremper à la rivière, en pleine nuit, avant de la terminer dans la tente de son ami qui la partageait déjà avec le conservateur du parc. Ce fut une nuit mémorable : les deux ronflant comme des sonneurs, l'un rugissant tels un lion, l'autre jouant de la cornemuse et tous les quarts d'heure, Patrice courant aux toilettes de brousse !

Mais une catastrophe n'arrivant jamais seule, la mésaventure se poursuivit quand, de retour à la piste d'aviation d'Omboué, la compagnie prétendit ne pas avoir eu les réservations qui avaient pourtant été bien faites. N'acceptant que quatre passagers sur six, deux personnes, dont Patrice, restèrent sur le tarmac.

Dans le village, Patrice, parti à la recherche d'un téléphone et de toilettes et trouvant l'un et l'autre réussit à commander un vol charter pour venir les chercher, afin d'éviter cinq longs jours d'attente pour le prochain vol.

Il arriva finalement à Libreville dans un état lamentable, au grand dam d'Astrid restée sans nouvelles de lui.

Des histoires et des histoires, ils en ont tous, de quoi alimenter les longues soirées d'hiver.

Et aujourd'hui dans leur maison juste à côté de Michel et Caroline, Patrice bichonne avec amour, dans une pièce transformée en serre, une centaine d'orchidées !

La retraite, c'est quand passer du bon temps est votre seul travail.

Anon

Décidément dans ce petit village ça bouge pas mal et en plus des allées et venues de certaines au Yoga, au Pilate et à quelques associations, il y a un club de marche. En effet, depuis quelque temps déjà le club de marche surnommé « radio poulettes » a vu le jour à Saint-Léon-d'Issigeac patronné par Dame Edith, son mari Jeff et l'incontournable Solange surnommée Sosso depuis toujours.

Une fois par mois, la randonnée se termine par un repas au restaurant où peuvent participer tous ceux qui n'ont pas marché.

Ma maîtresse ne fera pas l'apologie du « bien manger » ou du « trop manger » en Dordogne, mais il y a toujours quelque chose de nouveau afin de solliciter les papilles, l'été, les repas à la ferme, l'hiver, les repas de chasse, sans oublier les innombrables invitations chez les uns et les autres.

Et lorsque Solange distribue des tracts pour un repas de chasse dans le village à côté, les triglycérides montent d'un coup lorsqu'on regarde le menu.

Solange est née à Naussannes à 3 kilomètres de Saint-Léon-d'Issigeac et habite maintenant le village depuis 27 ans, dans l'ancienne maison de son arrière-arrière-grand-mère décédée en 1897.

Il n'y avait qu'elle pour décider de peindre les volets de cette charmante maison en pierre près du lavoir, successivement en rouge, en jaune ou en orange.

Il faut bien dire que Solange a eu également un parcours un peu atypique avec quelques anecdotes aussi pétillantes qu'elle et, notamment, son accouchement en Sicile où elle vivait.

À 30 ans, elle habitait Stromboli, une des 7 îles de l'archipel éolien au nord de la Sicile et elle se rendit pour accoucher à l'hôpital du chef-lieu LIPARI. Un accouchement en Sicile dans les années 80, ça laisse des souvenirs et les cinq jours passés dans ce lieu furent mémorables.

D'abord, une ambiance indescriptible dans un grand dortoir, comme à l'internat du collège, pour les futures mères et celles qui venaient d'accoucher.

Ensuite un obstétricien rassurant « Je m'occupe de tout, la nature fait le reste ! » qui répondait ainsi à ses questions précises.

Après 12 heures de souffrances non soulagées et de hurlements de bête la laissant enrouée pendant une semaine, sa fille Julie naquit vers 21 heures.

Le lendemain, alors qu'elle était aplatie dans son lit, encore anéantie par les efforts de la veille, mais le cœur aux anges auprès de sa fille, arriva une jeune paysanne liparote, courte, robuste et sereine, flanquée de sa belle-mère et toute vêtue de noir.

La belle-mère commença par ôter le drap du lit, vaporisa le matelas, le traversin et la table de nuit avec un désinfectant puis refit le lit avec une horrible parure à fleurs ramenée de chez elle et très répandue dans les îles éoliennes (car vendue par le même marchand ambulant, il Signore DE LUCA), sous l'œil abasourdi de Solange toujours affalée dans son lit.

La jeune femme resta à peine une demi-heure dans la salle de travail et accoucha sans un bruit.

La belle-mère, sitôt avertie, se mit à tambouriner contre la porte en hurlant : « C'est un garçon, c'est un garçon ! »

Le soir venu, c'est à dire vers 22 heures, fin des visites, la belle-mère ne voulut pas sortir du dortoir, se déclarant la seule capable à s'occuper de son premier petit fils.

Les infirmières vexées appelèrent alors l'obstétricien qui demanda à un employé de ramener l'aïeule chez elle.

Mais le lendemain dès l'aube, à 6 heures du matin, la belle-mère revint, transportant dans un torchon noué, une gamelle fumante de lasagnes… que la jeune maman dévora à midi, bien calée dans son fauteuil, sans faiblir, le bouillon de l'hôpital étant trop clair pour elle !

Puis il y eut le défilé de la famille, le mousseux, les gâteaux offerts à l'obstétricien ainsi qu'à elle sans qu'une seule fois on prononce le prénom de ce nouveau-né. Toutefois, au troisième jour, la jeune maman expliqua que le premier né porte toujours le nom du grand-père paternel.

« Il n'y a pas à se tracasser. Mon beau-père le mérite bien, il nous a aidés pour la maison », ajouta-t-elle comme pour s'excuser !

35 ans plus tard, en 2019, Solange revint dans cet hôpital et retrouva une vielle infirmière en visite également. Et, surprise ! Celle-ci reconnut la petite Française qui était venue accoucher un sac à dos à l'épaule.

Le coin maternité est désormais fermé, hélas, et toutes les femmes de l'archipel doivent se rendre en Sicile, à Messine, pour mettre au monde leurs petits éoliens !

Et le bruit court que l'obstétricien n'était qu'un garagiste !

Quant à Édith, elle est native d'ici et a fréquenté l'école du village dès l'âge de cinq ans.

Pépé René la maria avec Jean François, natif de Bergerac, en 1971 et tous deux âgés respectivement de 23 et 25 ans et armés de leur diplôme de l'éducation nationale partirent en Uruguay avec leur fils Guillaume de 6 mois.

Pendant six ans, ils furent professeurs au lycée français de Montevideo et leur deuxième fils naquit là-bas.

L'été austral et le Combi-Volkswagen qu'ils achetèrent leur permirent de profiter pleinement de leurs vacances pour voyager.

Un été, ils partirent en Argentine avec leurs deux enfants en bas âge et elle aime à dire que leur fils aîné avait un an le jour où ils sont arrivés à Ushuaïa, la ville la plus au Sud et surnommée « le bout du monde ».

Dans le nord de l'Argentine, il y avait la guérilla et les champs de canne à sucre cachaient les opposants au régime.

Avec leur air soixante-huit tard, Jeff ayant les cheveux longs et la barbe, on pouvait les prendre facilement pour des guérilleros.

Au volant de leur Combi-Volkswagen, leurs deux enfants à l'arrière, ils furent arrêtés et conduits au poste de police afin de vérifier leurs identités.

C'est sans compter sur Édith qui ne se laissa pas faire, car c'était l'heure de la tétée des enfants et qui sortit à grands cris leurs biberons et le lait en demandant qu'on les lui réchauffe…

Devant autant de ténacité et de papiers fournis pour justifier de leur identité et de leur travail, la petite famille fut enfin relâchée.

Ils partirent ensuite quatre ans en Éthiopie, à Addis-Abeba, où les conditions sanitaires ne permettant pas à Édith d'accoucher de son troisième enfant, elle dû revenir dans sa Dordogne natale pour accoucher de Mathieu.

S'ajouteront aussi six ans à Rabat, au Maroc, pour terminer ensuite et pendant encore six ans, leur carrière au Costa Rica.

Et si l'Afrique et l'Amérique latine ont été aussi bien pour les parents que pour les enfants des expériences passionnantes et enrichissantes, leur laissant une éternelle âme de baroudeurs, eux aussi ont retrouvé leur pays natal en achetant et rénovant une maison, dans le village de Saint-Léon-d'Issigeac.

Comme il y a beaucoup à faire pour entretenir la maison de campagne, mes Maîtres s'octroient régulièrement quelques agapes chez eux ou chez leurs voisins pour se changer les idées.

Ce soir-là, c'est Gérard et Béatrice, qui habitent juste en face de chez eux, depuis quelques années et qui viennent partager un apéro dînatoire auquel sont également invités Heather et Jean-Louis, situés de l'autre côté de la rue.

Gérard et Béatrice adorent les chats et surtout leur chatte, Sissi, qui m'ignore complètement.

D'ailleurs, je pense qu'elle ne m'aime pas du tout. Mais rassurez-vous je ne l'aime pas non plus… elle est prétentieuse et passe à côté de moi sans me voir, sûrement parce qu'elle est arrivée avant moi et qu'elle se prend pour la reine du quartier !

Gérard et Béatrice sont des amis de Bordeaux à ma maîtresse.

Gérard tenait un magasin de pièces détachées d'électroménager, donnant sur la rue Sainte-Catherine.

Une clientèle fidèle venait de loin, car très honnête, il vendait souvent un petit bout de quelque chose pour rafistoler un appareil, là, où bien d'autres auraient conseillé de le mettre aux encombrants.

Lorsqu'Alain Juppé, nouveau maire de Bordeaux, se fit un honneur de redonner un peu d'éclat à cette magnifique ville, les stationnements devenant de plus en plus difficiles, les clients commencèrent à déserter la boutique de Gérard.

Ils décidèrent donc tous les deux de partir dans les Pyrénées, à Luchon, afin de tout recommencer à zéro.

Avec courage, Béatrice ouvrit un magasin de décoration et de bijoux fantaisie et Gérard devint indépendant multiservices.

Quatorze années loin d'une famille vieillissante, d'enfants et de petits enfants vus à la sauvette, ils envisageaient de revenir vivre près de Bordeaux.

Partis pour un week-end de découvertes et, peut-être de recherches, ils passèrent par Saint-Léon-d'Issigeac pour voir leur vieille amie, ma maîtresse.

Ils lui comptèrent alors leur nouveau projet, ne sachant pas trop où ils pouvaient s'établir.

Jamais à court d'idées, elle leur dit que dans le village il y avait deux maisons à vendre, dont celle à côté de chez elle, l'ancienne maison dîmière habitée et rénovée par son frère et sa belle-sœur ils la mettaient en vente pour revenir vivre dans leur première maison, au bout des vignes, où la nature convenait plus à Françoise.

Comme Maîtresse avait les clés, elle leur proposa de leur faire visiter la maison tout de suite et leur choix se porta donc rapidement sur celle-ci.

Gérard avait l'œil du professionnel et voyait déjà ce qu'il pouvait en faire. Un immense chai accolé promettait d'agrandir encore cette vaste demeure en la transformant en une charmante maison d'hôtes :

du petit déjeuner au dîner, Béatrice pourrait gâter ses clients en leur proposant également des paniers-repas à emporter le midi.

Et en voilà donc deux de plus qui posèrent aussi leurs valises dans ce village, où bientôt il ne resta pratiquement plus de maison à vendre.

Quant à Heather et Jean Louis, attirés par ce charmant petit village de Saint-Léon-d'Issigeac dès 1997, ils ne purent acheter la maison habitée maintenant par Robert et Viviane, car elle s'avérait à l'époque trop petite pour eux et leurs trois enfants.

Mais quelque temps plus tard, une annonce parue dans « le Petit Bergeracois » attira leur attention et ils prirent rendez-vous pour la visiter.

Ils se doutaient bien que c'était cette maison basse, en bord de route, pour laquelle, au départ, ils n'avaient eu aucune attirance.

Toutefois, le peu de travaux qu'il y avait à faire, la magie des tilleuls et les glycines qui couraient partout opérèrent et c'est elle qu'ils choisirent…

Il faut dire que leur histoire n'était pas ordinaire.

Si l'on peut lire que « l'Angleterre est le berceau de Shakespeare et des Beatles », on peut dire également que c'était celui d'Heither qui y habitait et travaillait dans une agence de voyages.

Quant à Jean Louis, il était fonctionnaire dans un lycée de Bergerac.

Lorsque l'amie d'Heather lui confia qu'elle allait en France rendre visite à sa correspondante, celle-ci voulut l'accompagner.

Le soir, la correspondante française avait organisé une fête où Jean Louis était convié. Bohème, les cheveux longs et frisés, il était si beau qu'Heather fut immédiatement sous son charme.

C'était une évidence pour elle et elle annonça à son amie : « cet homme-là, je vais l'épouser ! »

Elle ne parlait pas français, lui un peu l'anglais, mais au bout d'une semaine ils avaient concrétisé. Pourtant, il y avait tout de même un problème : Heither était fiancée et la date de son mariage était fixée…

Le lendemain, elle prit le train pour l'Angleterre en annonçant à Jean-Louis qu'elle allait vite revenir…

Malgré l'attirance de Jean Louis pour cette petite Anglaise, il était toujours aussi épris de liberté et n'était pas très pressé pour faire le grand saut…

Il fallut quelques semaines à Heather pour rompre le mariage, rendre la bague de fiançailles et les cadeaux, quitter son travail et… assumer quelques scrupules avant de revenir voir Jean-Louis.

Quelques mois de travail dans un centre équestre du Bergeracois à son retour ne lui permirent pas de rester trop longtemps en France, faute de carte de séjour.

Elle dut donc repartir vivre en Angleterre chez son père, faisant pendant deux ans, plusieurs aller-retour en France pour le voir.

Un jour, à Paris, à la gare du Nord, il lui avoua enfin son amour et son désir de vivre avec elle. Ils ne voyaient pas à l'époque l'intérêt de se marier et ce fut très compliqué, de gérer la naissance de leur premier enfant qui naquit en Angleterre. Finalement, et afin de pallier tous ces problèmes, Jean-Louis proposa à sa Belle de l'épouser.

Entre la famille anglaise d'Heather et leurs amis arrivés de tous les horizons pour fêter leur union, ce fut une grosse fête qui, faute d'argent, car ils n'avaient pas voulu en demander à leurs parents, s'avéra complètement désorganisée, mais si amusante « et déjantée » qu'elle est restée gravée dans leur mémoire.

Ils eurent ensuite deux enfants de plus.

Aujourd'hui, Jean Louis continue de courir sur les chemins, lit beaucoup et s'occupe de ses petits enfants pendant qu'Heather travaille encore en rêvant de la retraite afin de passer les années à venir avec son époux, dans ce village qu'ils aiment tant…

Le Pacs

La campagne se prête à toutes les divagations du rêve.

Main dans la main, les deux tourtereaux partent se promener.

Elle lui promet des sous-bois odorants et des sentiers qui ne sont pas balisés, hors des chemins de randonnée.

La campagne est si belle, verte et vallonnée et les tournesols sont mille petits soleils qui se balancent au gré du vent… Peu à peu, leur tête lourde les fera se pencher vers le sol et elle lui dit combien ils changent à l'automne, quand ils sont mûrs et qu'elle y voit des vieux bonhommes, les bras ballants et fatigués, prêts à tomber sur la terre qui les a vu naître…

Gérald lui rappelle combien cette image l'a séduit la première fois qu'il est venu la voir, même s'il n'a pas été super bien accueilli, car il était venu un jour trop tôt…

De retour, ils vont s'asseoir dans le jardin, une légère brise secouant le figuier.

Le jardin est encore si plein de promesses…

Et Gérald lui prend la main et lui demande alors si elle veut bien se pacser avec lui.

La grange de Françoise et Daniel, au bord de la route, avait été rénovée. Il y avait encore, pour la décoration, quelques mangeoires de vaches et un immense brasero qui pouvait réchauffer les soirées d'hiver en créant dans ce charmant décor une ambiance feutrée et rassurante. Mes Maîtres décidèrent donc d'y fêter leur pacs et Françoise et Daniel se mirent en quête d'idées afin de rendre cette fête originale.

Keven avait acheté précipitamment un bateau en Angleterre et l'avait ramené au village accroché à sa voiture. Accueilli en fanfare par ses amis habillés en marin, il avait dû se rendre à l'évidence, le cœur déchiré : faute de papiers aux normes, ce bateau ne pourrait jamais aller sur l'eau…

Sur une idée de Françoise toujours très inventive, et en cachette, ils décidèrent donc de sortir le bateau de sa remise et de le décorer, faisant ainsi un petit clin d'œil au bassin d'Arcachon et une grande surprise aux pacsés ainsi qu'à leurs invités.

Le jour du pacs, après l'apéritif devant la maison, Keven attela alors le bateau à son véhicule afin que les fiancés soient amenés en triomphe à la grange : son Frère Daniel déguisé en curé, sa sœur Josette et Françoise en bonne sœur les attendaient afin de simuler leur mariage…

On avait le sens du théâtre dans la famille, et Daniel avait écrit le texte quelques heures avant.

Simon, ami de toujours, avait accepté de préparer son célèbre méchoui : deux moutons, à la broche, grillaient doucement depuis plus de 6 heures sur un feu de bois, près de la grange.

Des effluves épicés se dégageaient des deux bestiaux et des flageolets que Simon avait préparés à l'avance étaient prévus en accompagnement de ce délicieux mets dont beaucoup n'hésitèrent pas à se resservir jusqu'à plus faim, en se léchant les doigts.

Les rires éclatent mieux lorsque la nourriture est bonne.

Proverbe irlandais

Tout le monde était si heureux que Simon soit là : en effet quelques jours avant, parti tout seul à la pêche sur la Dordogne, il tomba à l'eau et fut emporté par un tourbillon… Ne sachant pas nager, il ne dut son salut qu'à une branche à laquelle il put miraculeusement s'accrocher avant d'être emporté par le courant.

Décès de Maminou

Gérald et ma maîtresse continuèrent leur vie entre le bassin et la Dordogne, profitant à chaque fois de leurs amis et de leur famille, Maîtresse allant régulièrement voir sa maman à la maison de retraite.

Chaque fois, elle en revenait abîmée et comptait à Gérald combien c'était dur de la voir s'enfoncer de plus en plus dans le silence, seuls ses yeux laissant passer parfois, mais de plus en plus rarement, une petite lumière de reconnaissance.

Elle disait tellement qu'elle « ne voulait pas finir comme ça » que Maîtresse avoua qu'à son chevet elle repensait alors au magnifique film de J.L.Trintignant *Amour* et à son douloureux et difficile combat face à la maladie de son épouse le conduisant à l'étouffer avec ses oreillers pendant son sommeil et à se suicider ensuite…

Il y eut aussi Marthe Villalonga et sa fille Sandrine Bonnaire, dans le film *La dernière leçon*, où encore pleine de vie elle annonça lors d'un repas avec sa famille, sa décision de mourir dignement, ce qui bien entendu perturba l'équilibre des siens… Ce plaidoyer qui n'était pas morbide allait dans le sens des pensées de ma maîtresse.

Plusieurs fois, elle avait fait part de ses inquiétudes à sa fille et à son entourage en leur disant qu'elle ne voulait pas finir comme sa maman et que si la maladie était détectée assez tôt elle mettrait fin à ses jours pour ne pas leur faire souffrir la même horreur.

Après tout, on pouvait bien aller en Belgique pour se faire euthanasier… sauf que pour la maladie d'Alzheimer ce n'était pas autorisé.

Mathilde, sa nièce infirmière lui avait bien dit qu'elle l'aiderait, mais elle sait maintenant que ce n'était que des mots pour apaiser ses angoisses.

Toutefois, elle espère qu'un jour le gouvernement reparlera sérieusement du droit « à mourir dignement » et que parler d'euthanasie ne sera plus un sujet tabou.

Puis un jour d'automne, le ciel s'est assombri brusquement.

Maîtresse était à Arcachon quand son Frère lui téléphona pour la prévenir que maman Reine était au plus mal et que ses jours étaient comptés.

En catastrophe, elle récupéra sa sœur Josette, maintenant installée également sur le bassin, et elles partirent en Dordogne. Pendant ce temps, Daniel et sa fille Mathilde, infirmière, décidèrent de faire sortir maman Reine de la maison de retraite pour la ramener à Saint-Léon-d'Issigeac, dans la maison de ma maîtresse…

Mathilde organisa de main de maître une prise en charge par un service d'Hospitalisation à domicile de Bergerac pendant que Daniel réglait tous les problèmes liés à sa sortie en catastrophe.

Lorsque maman Reine, appelée « Maminou » par les petits enfants, arriva en ambulance chez Maîtresse, elle ouvrit les yeux comme si, au seuil de sa mort, elle avait senti qu'elle revenait dans cette maison où elle allait arroser les fleurs, et qu'elle appelait « le gîte ».

Elle resta deux jours dans son lit médicalisé et Delphine les larmes aux yeux et le cœur serré, pût lui faire sa toilette une dernière fois, lui renvoyant le bonheur qu'elle lui avait donné lorsqu'elle venait, avec Cédric son cousin, en vacances à la campagne.

Les petits enfants avaient tous défilé devant les cages à lapins, avaient ramassé les œufs de poules et allaient même voir le cochon qui finissait en saucisson. Que de rires partagés avec elle... Que de farces faites à cousin Cédric, allant même jusqu'à lui mettre des orties dans son lit que Maminou cueillait à mains nues, sans même se faire piquer !

Elle leur lisait, ou leur comptait des histoires, faisait des rondes avec eux. Aussi, Delphine se souvient encore de celle-ci « et Ron et Ron Petit Patapon »…

Maminou s'endormit quand ses filles épuisées relâchèrent leur garde et c'est Daniel, venu lui faire un dernier baiser avant de se coucher, qui la trouva les yeux fermés pour toujours.

Malgré la Covid, on les laissa faire un enterrement, entouré de tous les siens et de ses amis, où la musique et les messages d'amour lui rendirent l'hommage qu'elle méritait, les flammes des bougies dansant sur l'hôtel, les fleurs naturelles diffusant leur parfum dans le cœur de l'église où son cercueil était déposé.

Durant les années à venir, personne n'oublierait les quantités d'amour qu'elle donnait…

Au printemps, les fleurs repousseraient, la nature revivrait… et dans leur cœur elle serait toujours là…

Le mariage à Arcachon

Gérald avait décidé d'épouser sa Chérie et il voulait que cela se fasse à Arcachon, en comité réduit, c'est-à-dire avec ses amis de toujours et la famille proche de Maîtresse.

À la mairie d'Arcachon, c'est Claire, la Fille de Simone, adjointe du Maire qui avait célébré la cérémonie d'une façon très originale, commençant une journée de bonheur partagé.

Maîtresse avait confié la tâche d'être témoin à Françoise, sa belle-sœur qui avait toujours été là pour elle, sachant l'écouter et la conseiller, sans jamais la juger. Gérald avait choisi Dominique, son amie de Bordeaux et complice de travail chez Bardinet. Avec Dominique et son compagnon Patrick, ils étaient également partis souvent en vacances pour découvrir Marseille et ses calanques, la Sicile et Lanzarotte, cette île volcanique des Canaries surprenante par ses terres noires contrastant avec le blanc des maisons.

À l'Union des Bateliers d'Arcachon, ils avaient loué un bateau où Jacques un ami de la bande avait préparé et servi un repas dégusté tout le long d'une promenade sur le bassin. Après plusieurs jours de pluie, le temps était clément en ce début du mois de juin et ce fut une journée mémorable de découvrir les richesses du bassin en longeant le Mouleau, la Dune du Pyla et le Banc d'Arguin, l'île aux Oiseaux et les célèbres Cabanes Tchanquées.

Une halte avait été prévue à l'un des plus beaux villages ostréicoles du Cap Ferret et tout le monde était allé flâner dans les petites ruelles de « L'herbe » où, entre deux cabanes colorées, la vue sur le bassin était magique.

Le soir, leurs voisins d'Arcachon s'étaient joints à eux, partageant jusque dans la nuit un délicieux buffet et de bonnes et innombrables bouteilles de vin et de champagne, installés sur des petites tables autour de la maison.

Gérald voulut ensuite lui faire découvrir le golfe du Morbihan pour leur voyage de noces et ils partirent en me laissant encore une fois en Dordogne aux bons soins de Viviane.

Guerre

Le paradoxe de la paix, c'est qu'il faut faire la guerre pour l'obtenir.

Marc Meunier

Nous sommes en Dordogne et c'est ce matin-là que Delphine lui téléphone en allant travailler. Elle lui apprend que Poutine a déclaré la guerre à l'Ukraine et ma maîtresse en est bouleversée.

« L'Homme n'est-il qu'un grand guerrier ? »

Toutes les chaînes de télévision ne parlent plus que de ça et aussitôt elle demande à Gérald où ils vivront s'il y a la guerre en France.

Très pragmatique, il répond : « Plutôt en Dordogne que sur le bassin, car on trouvera plus facilement à manger, et, en plus, quand je t'ai connue, tu faisais des fromages de chèvre… »

Et soudain, mes poils se hérissent d'horreur : elle lui conte comment pendant la dernière guerre la grand-mère d'Edward a mangé son chat sans le savoir et qu'après elle le cherchait partout pour lui donner les os à sucer…

Des histoires sur la guerre, elle en connaît quelques-unes racontées par pépé René et Oradour-sur-Glane n'est pas si loin…

Pépé René lui avait dit qu'un jour les Allemands étaient venus pour réquisitionner sa voiture, mais qu'il avait répondu qu'on la lui avait déjà prise : pourtant la voiture était encore là, cachée dans le hangar !

Dans la forêt de la bourgade à côté du village, il y avait un haut lieu de résistance à l'occupation allemande et les maquisards pouvaient être aussi craints que respectés.

Une terrible histoire, comptée quelques années en arrière, a appris à ma maîtresse que la maman de Chantal avait vécu un traumatisme dans son enfance dont elle n'avait jamais guéri.

Un soir, attablés avec ses parents, des hommes masqués étaient entrés dans leur maison et avaient emmené son père dans la grange, intimant à sa maman et à elle l'ordre de ne pas bouger. Ils l'assassinèrent alors lâchement, d'un coup de fusil.

L'horreur de la situation doublée de la perte de son cher père laissa à sa maman autant d'incompréhension que de tristesse pour toute sa vie…

L’amour des voyages

Une fois que l’on a été piqué par la mouche du voyage, il n’existe aucun antidote connu et, en ce qui me concerne, je serai joyeusement infecté jusqu’à la fin de mes jours.

Michael Palin

J’ai dit combien mes maîtres aimaient les voyages et comment, à chaque fois, je restais à me morfondre à la campagne.

Ils vont partir maintenant à la découverte des grands parcs dans l’Ouest des États unis avec leurs amis, Agnès et Jean Luc Patricia et Bruno, un petit problème de santé empêchant Jean-François de les accompagner au dernier moment…

Après quinze jours d’absence, les voilà de retour plein d’enthousiasme et Maîtresse prépare comme à chaque fois un album photo afin d’immortaliser les meilleurs moments de leur périple.

De San Francisco à Las Vegas, ils traversèrent plusieurs États, la Californie, l’Arizona, l’Utah, le Colorado, le Nevada et deux fuseaux horaires.

Les parcs grandioses et démesurés, la couleur flamboyante des rochers, les cheminées de fées, les falaises vertigineuses et la vallée de la mort avec ses dunes, ses paysages lunaires et sa mer de sel ne furent que des coups de cœur chaque jour renouvelés.

À Monument Valley, territoire des navajos et site emblématique de l'ouest américain, Maîtresse dit qu'elle ressentait une espèce d'oppression dans ce qu'elle appela « une terre de souffrance ».

Dans ces décors de western dominés par des monolithes orangés, ils prirent conscience de l'immensité du territoire Navajo.

Sans peine, ils purent s'imaginer les chevauchées des cow-boys et des Indiens tellement vues dans les films de cow-boys et où des photos de John Wayne et son cheval trônent encore dans ces paysages grandioses.

Ils firent également un bout de chemin sur la mythique route 66 reliant l'est à l'ouest des États-Unis et empruntée par des milliers de pauvres gens lors de la grande dépression de 1929, fuyant vers la Californie en pensant y trouver l'eldorado.

Aujourd'hui, sur cette célèbre route de légende, symbole de liberté et décrite comme un ruban d'asphalte, ne reste plus que quelques stations-service d'époques, de vieilles autos, quelques motels désaffectés transformés en musées et des boutiques de souvenirs dans une ambiance rétro des années 50.

Maîtresse à son retour chercha dans sa bibliothèque, afin de relire le fameux livre *Les raisins de la colère* de Steinbeck qui l'avait profondément marquée lorsqu'elle était jeune.

Lorsque je dis que les voyages sont une seconde vie pour eux, je ne me trompe pas beaucoup, car à peine arrivés ils parlent déjà de celui qu'ils ont préparé et réservé depuis un moment, pour les vacances de février : un safari au Kenya avec leur fille Delphine, Franck, son compagnon et les enfants Lauriane, Carla et Marco.

Et devinez où je serai pendant ce temps ?

Vous l'avez compris bien sûr : en Dordogne avec Viviane qui viendra me nourrir matin et soir.

Je ne suis pas une grande démonstratrice comme beaucoup de mes congénères, mais je me suis tout de même bien habituée à eux et à leurs câlins parfois envahissants, surtout ceux de mon maître qui n'a de cesse de m'embrasser.

Les voilà donc revenus d'Afrique et Maîtresse ne cesse de conter ce voyage à ses amis, leur disant combien la proximité des animaux en compagnie de leur guide avait été bouleversante.

Marco, doté d'un appareil photo à pas de prix, s'était transformé en reporter animalier et les filles n'avaient de cesse de dire que c'était le plus beau jour de leur vie. Marco avait tout de même beaucoup pleuré lorsqu'il avait, par inadvertance, effacé toutes les photos prises depuis deux jours.

Sur le carnet de voyage, les annotations journalières de chacun resteront pour toujours gravées et Delphine a écrit :

« Je n'oublierai jamais l'immensité du Kilimandjaro, le pas des éléphants, l'élégance des girafes, la tendresse dans les yeux des zèbres, la robe tachetée des guépards jamais égalée par aucun couturier, la furtivité des gazelles, l'instinct chasseur des lions, l'innocence des phacochères, la terre rouge de Tsavo, la douceur du sable blanc sous mes pieds, la couleur et la température de l'océan indien et la brise sur les feuilles des cocotiers.

Me restera également en mémoire la valeur inestimable de l'eau et le regard des enfants lorsque nous leur avons distribué des précieuses bouteilles dans la rue ainsi qu'à ceux qui gardaient les bêtes au bord de la route. »

Qui a écrit ?

Voyager vous laisse d'abord sans voix, avant de vous transformer en conteur.

Lauriane a noté dans le cahier, sous la rubrique « quelques anecdotes flash » :

– Plaintes de Carla après une grande marche : « J'ai mal à ma plante vouteuse ! » ;

– Mamie est appareillée des oreilles et aujourd'hui, n'ayant pas changé les piles, elle se sent un peu coupée du monde. Sur la route, le chauffeur guide propose : « Vous voulez aller voir les Massaïs ? » ;

– Réponse de Mamie : « Quoi ? Vous voulez encore acheter des papayes ? ».

Bien sûr qu'ils succombèrent à la tentation d'aller visiter un village Massaï et lorsque l'entrée de leur village protégé par une barrière de ganivelle s'ouvrit, la vue sur le Kilimandjaro était à couper le souffle.

Les Massaïs arrivant vers eux en chantant et en dansant tout de rouge vêtus et parés d'immenses colliers et bijoux fut magique, les transportant dans un autre monde, qui pendant quelque temps leur permit de tout oublier pour ne se consacrer qu'au moment présent en partageant avec eux, main dans la main, une prière. Puis il y eut la danse avec Gérald et Franck : Franck n'hésita pas à faire de grands sauts afin de les imiter, tellement raide sur ses jambes que Delphine en pleurait de rire…

Retour à la réalité

Cela fait maintenant un an que la guerre a été déclarée en Ukraine par la Russie et Maîtresse est toujours aussi inquiète, car personne ne sait comment tout cela va se terminer…

La planète manque d'eau, la réforme des retraites fait grincer beaucoup de dents, le prix de l'essence du gaz et de l'électricité flambent et le panier de la ménagère n'a jamais été aussi élevé.

Le prix de l'électricité est si haut que beaucoup de boulangers sont obligés d'arrêter leur activité. Effectivement, en rentrant de voyage le frigidaire est vide et il faut aller à Bergerac faire les courses.

Ma maîtresse a réalisé, après ce temps d'absence, combien les prix avaient augmenté et que manger cinq fruits et légumes par jour comme il est recommandé pour une alimentation équilibrée ne sera sûrement plus possible pour bon nombre de personnes et ne comprend pas vraiment que tout soit dû aux conséquences de la guerre en Ukraine.

Ils ont profité de leur escapade à Bergerac pour retrouver quelques collègues de bureau, dans un petit restaurant du vieux Bergerac et Maîtresse a présenté Gérald à Sylvie, José, Séverine et Armelle et celle qu'elle appelle toujours « ma petite Noémie ».

Autour d'un repas aux crêpes, ils ont parlé du bon vieux temps et de l'évolution de leur travail et lui ont montré les photos de leurs enfants, dont certains depuis plus de 7 ans ont tellement grandi qu'elle ne les a pas reconnus.

Sylvie lui a rappelé ses moments de solitude et le célèbre site « Meetic ».

Effectivement, elles avaient beaucoup ri lorsque, à la suite de son improbable rencontre avec un homme, la relation s'était terminée aussi vite que fanent les roses : il était reparti avec la recette de la soupe « mange graisse » afin d'entamer un sérieux régime pour se remettre sur le marché…

De retour de Bergerac, et se promettant qu'ils ne laisseraient pas passer autant de temps pour les revoir à nouveau, mes deux Maîtres posèrent des livres achetés à la Coline aux livres.

Bien sûr, Gérald avait trouvé quelques BD et Maîtresse était revenue avec un livre où un chat m'a copié en contant son histoire.

Mais bon, comme cela se passe au Japon, cela ne va pas me faire beaucoup d'ombre !

Nostalgie

Même si le temps s'échappe de vos mains, profitez-en jusqu'au plus petit grain.

Pierre Perpillou
Extrait du poème « Vivre »

C'est un week-end pâté, bloqué depuis longtemps sur l'agenda, qui se prépare.

En effet, Florence qu'elle a connu en travaillant chez Cofinoga, car c'était sa responsable, est toujours son amie depuis plus de vingt ans et chaque année elles perpétuent les traditions de la campagne en faisant des pâtés de porc dont leur spécialité est « au poivre vert ». D'ailleurs, à cette occasion, le boucher n'a pas manqué de leur préciser que le prix du porc augmentait chaque jour.

Rien n'a changé de leur amitié. Florence s'est juste stabilisée en rencontrant Eric avec qui elle vit. Maîtresse a suivi avec intérêt son parcours professionnel, faisant d'elle aujourd'hui une Responsable administrative et financière au sein de l'université de Bordeaux…

Elles aiment se rappeler leurs week-ends à la campagne où plus jeunes elles allaient allègrement courir le long des chemins, Fanny, sa fille de cinq ans, les attendant devant un livre ; Eric ne faisant pas encore partie de leur vie.

Florence a tout connu d'elle et sait combien ce serait difficile si elle devait faire un choix entre Arcachon et la Dordogne où elle revient toujours comme si c'était la première fois.

Elle avait pourtant juré ses grands dieux que plus jamais elle n'y remettrait les pieds lorsqu'elle était adolescente !

Elles aiment toujours ces week-ends d'hiver où, entre deux fournées de pâtés, elles refont le monde devant la cheminée en se remémorant leurs années passées, leurs amitiés, leurs amours perdues et ce qui perdure à travers le temps qui passe si vite…

Eh oui, Saint-Léon-d'Issigeac c'est un petit village où il fait bon vivre et où « les histoires de clochers » ne sont pas les histoires du patrimoine du village, mais tout simplement les rumeurs, ou les petits « cancans », qui font exister chacun à sa manière.

Et ron et ron…

La résilience n'est pas un catalogue de qualités que posséderait un individu, c'est un processus qui de la naissance à la mort nous tricote sans cesse avec notre entourage.

Boris Cyrulnick

Des expériences ratées, des années qu'elle pensait perdues, mais qui peut-être, au bout du compte, ne l'ont pas été vraiment…

Ses souffrances et ses manques se sont enfin apaisés.

En comprenant ses failles, elle a enfin trouvé le bonheur.

Des bribes de son passé sont devenues son histoire si souvent écrite, mais jamais achevée, et il en a fallu du temps pour poser enfin les mots, comprendre différemment, grandir et pardonner.

Elle part se coucher avec Gérald en me posant sur le lit et elle sait que le sommeil va la gagner doucement, car une grande paix l'envahit.

Elle prend un livre sur sa table de chevet et lui dit :

« Tu as vu ? Mes bras commencent à plisser ! »

Et il lui répond :

« Moi aussi… ça commence à plisser ! Bientôt, nous finirons en parchemin ! »

Un grand fou rire les prend et dure si longtemps que je suis obligée de quitter le lit…

Je pars m'installer au coin de la cheminée encore chaude et moi aussi je vais pouvoir enfin m'endormir, tranquillement, en me disant que peu importe qu'une souris passe.

Et soudain, je m'entends ronronner… Et ron et ron…

Je vais m'installer au coin de la cheminée encore chaude et moi aussi je vais pouvoir enfin m'endormir tranquillement, en me disant que peu importe qu'une souris passe.

Et soudain, je m'entends ronronner… Ronron et rou…

Remerciements

Je tiens à remercier ma famille et mes amis qui ont joué un rôle unique dans la création de ce livre, et tout particulièrement mes deux petites-filles Lauriane et Carla qui sont le soleil de ma vie.

Qu'ils sachent combien ce partage avec eux a été exceptionnel et enrichissant !

Imprimé en Allemagne
Achevé d'imprimer en février 2024
Dépôt légal : février 2024

Pour

Le Lys Bleu Éditions
40, rue du Louvre
75001 Paris